跨文化研究论丛

INTERCULTURAL STUDIES FORUM

（第8辑）

主编：马海良

外语教学与研究出版社
FOREIGN LANGUAGE TEACHING AND RESEARCH PRESS
北京 BEIJING

图书在版编目（CIP）数据

跨文化研究论丛. 第 8 辑 / 马海良主编. –– 北京：外语教学与研究出版社，
2023.12
　ISBN 978–7–5213–4966–5

Ⅰ. ①跨… Ⅱ. ①马… Ⅲ. ①文化交流－文集 Ⅳ. ①G115–53

中国国家版本馆 CIP 数据核字 (2023) 第 242418 号

出 版 人　王　芳
责任编辑　刘相东
责任校对　夏洁媛
装帧设计　黄　浩　曹志远
出版发行　外语教学与研究出版社
社　　址　北京市西三环北路 19 号（100089）
网　　址　https://www.fltrp.com
印　　刷　北京捷迅佳彩印刷有限公司
开　　本　787×1092　1/16
印　　张　9.125
版　　次　2023 年 12 月第 1 版　2023 年 12 月第 1 次印刷
书　　号　ISBN 978–7–5213–4966–5
定　　价　36.00 元

如有图书采购需求，图书内容或印刷装订等问题，侵权、盗版书籍等线索，请拨打以下电话或关注官方服务号：
客服电话：400 898 7008
官方服务号：微信搜索并关注公众号"外研社官方服务号"
外研社购书网址：https://fltrp.tmall.com

物料号：349660001

目　录

跨文化交际研究

依恋与分离
——由电影《包宝宝》引发的跨文化冲突能力溯源　　　卢韵如　张荷瑶　郑　萱　1

跨文化传播研究

城市文化传播对国际传播实践的启示
——以《黄鹤楼》和《知音故事》在德传播为例　　　　　　　　周　俊　20
中国媒体奥运报道中的国家形象研究
——以2008年北京夏季奥运会和2022年北京冬季奥运会为例　王品媛　蒋欣然　刘立华　30

跨文化翻译研究

中国书法术语英译与中国文化　　　　　　　　　　　　雷　莹　赵友斌　43
《物种起源》在中国的百年译介和传播研究　　　　　　惠玲玉　刘晓峰　50
中国古典诗歌在匈牙利译介的早期历史　　　　　　　　李登贵　王凡帆　66

跨文化外语教学研究

高校英语教师跨文化交际课程教学认知探究　　　　　　　　　赵富霞　73
基于PEER模式的英语专业学生跨文化交际能力培养实践研究　　沈乐敏　84
产出导向法在国际中文文化教学中的应用研究
——以面向中高水平学习者的"昭君文化"阅读课教学为例　汪家伟　刘君红　97

跨文化教育研究

赴阿拉伯国家中文教师跨文化适应问题及对策研究　　　　　　马鹏程　107

跨文化话语研究

基于评价理论的联想公司英文企业年报的人际意义分析　黄志华　刘沙沙　钟玉兰　117

Abstracts　　　　　　　　　　　　　　　　　　　　　　　　　132
《跨文化研究论丛》约稿　　　　　　　　　　　　　　　　　　138
格式和体例　　　　　　　　　　　　　　　　　　　　　　　　139

依恋与分离

——由电影《包宝宝》引发的跨文化冲突能力溯源*

卢韵如　张荷瑶　郑　萱（通讯作者）

摘要： 文章基于大学英语专题课《语言、文化与交际》"跨文化冲突能力"一讲中有关电影《包宝宝》的讨论活动，反思亲子冲突模式，试图对跨文化冲突能力进行溯源。研究收集了北京及武汉两所高校140位学生及101位家长的观影反馈，对比分析了两校学生及其父母的情感表达、共情倾向、对亲子冲突的理解和冲突管理策略，发现大部分学生在冲突能力的外在结果层面展现出兼顾双方的整合策略，但在共情倾向代表的内在层面仍然顾此失彼。研究提出对跨文化冲突能力源头的假设：在亲子冲突中尚未处理好的依恋与分离矛盾，带来了"非主导即顺从"型冲突管理惯习，可能阻碍学生在跨文化冲突管理中进行内部层面的整合。

关键词： 跨文化冲突能力；亲子冲突；冲突管理惯习；依恋与分离；溯源

1 引言

　　跨文化冲突能力作为跨文化能力的重要一部分，是对主要由文化、语言或种族差异造成的情绪挫折和冲突斗争的有意识管理（Ting-Toomey 2012：279 - 280）。在提高冲突管理能力的领域，许多学者指出亲子关系是重要的影响因素（Bukowski et al. 1998；Schneider et al. 2001；Sousa et al. 2011），父母在日常亲子交流中的情绪表现是对孩子情绪和社会行为的教育过程（Denham & Burton 2003）。通过亲子冲突，孩子能从父母身上习得管理冲突的方式，并应用到其他社会情景中（俞国良、周雪梅 2003）。因此，对亲子冲突管理模式的研究和反思是对跨文化冲突能力的一种溯源，也可能是有效提高跨文化能力的一大突破点。

* 本文为国家社会科学基金青年项目"培养大学生跨文化交际情感能力的外语教学模式研究"（18CYY026）的部分研究成果。

2 文献综述

亲子冲突是指亲子在认知、情感、行为上的不一致而导致的对抗状态（王云峰，冯维 2006），冲突形式包括情绪对立、言语和身体上的冲突等（欧群慧，陈向明 2021）。不少定义都强调冲突是一种强烈的情绪体验（挫折、对抗等），因此管理冲突也需要管理情绪。在情绪管理（emotion management）中，对自我及他人情绪的敏感性（sensitivity）是首要的（Holmes & O'Neill 2012），这包括对自我和他人的情绪进行识别和命名（Brackett 2019）。此外，共情（empathy）也是其中的重要内容，即从他人角度看待事情，并以他人期望的方式来回应他人的能力（Deardorff 2008），对冲突管理有着关键影响（Smith 2006; Deardorff 2008; Cuff et al. 2016）。

亲子冲突中父母的沟通模式和情绪管理，都会对孩子产生影响，例如，有研究指出孩子能从父母的情绪表达中学会"如何去感觉"（Denham & Burton 2003）。跨文化研究文献进一步指出了社会文化对亲子冲突（内容、表达和解决方式）和情绪管理的影响（张文新等 2006）。在崇尚个人独立自主的文化背景下，亲子冲突的频率更高、强度更大；而在强调家庭责任重于个体的文化背景下，亲子冲突则较为缓和（Fuligni 1998; Yau & Smetana 1996）。

某些文化背景下的青少年，如亚裔青年，与父母发生冲突的频率低、强度小（Yau & Smetana 1996），但这也不能说明他们更善于管理冲突。在一项关于中国某高校大学生与父母冲突的研究中，学者发现近六成学生采用了主导（dominating）、逃避（avoiding）及顺从（obliging）这些"无法兼顾双方"的冲突管理策略（Zheng & Gao 2022）。

这种"顾此失彼"的情况在中国大学生的跨文化交际中也有所呈现。Chen 和 Zheng（2019）研究了中国大学生反思日记中关于跨文化交际经历的描述，发现他们呈现出一定程度的外群体偏好（outgroup-favoritism）倾向，即对文化他者有更正面的评价，对自己有更负面的评价。同时，高一虹等（2021: 202, 213）在有关中国国际活动志愿者语言态度与认同的研究中发现，志愿者对世界英语多元变体的态度较为保守，更崇尚英式、美式英语，对中式英语的情感认同并不强。这除了容易导致许多学者担心的"中国文化失语"现象（肖龙福等 2010）外，还意味着这些学生仍处于民族中心主义（ethnocentrism）阶段，即将自我文化与他者文化放于二元对立的位置，并将二者做优劣之比（Hammer et al. 2003）。在本文的通讯作者及同事的培养生产性双语者的四步骤跨文化外语教学（Zheng & Gao 2019）中，虽然解构步骤成功地让学生意识到了民族中心主义，他们发展出了较为开放、整合的态度与文化认同，但在行为层面，学生仍然倾向于在面对冲突时选择同化或分离策略，较少地直面冲突或有效、得体地表达内心感受，并提出"1+1>2"的生产性的解决方式（李茜，郑萱 2021）。这说明解构中的溯源步骤尚未撼动问题的核心：学生在跨文化交际中的惯习（高一虹等 2021）是长期社会化的结果，对自我文化（即父母）的依恋和对新文化视角的恐惧（即意味着和父母分离），可能会让他们在情感上固着于过去的行为方式。

因此，为帮助学生理解他们的冲突困境，发现问题的根源（即亲子冲突模式可能对跨文化冲突模式的影响），本研究在大学英语《语言、文化与交际》课中增加了对情绪识别、命名与共情力培养的练习，并在"跨文化冲突能力"一讲中设计了关于2019年奥斯卡最佳动画短片《包宝宝》的讨论活动，在北京及武汉的两所高校收集了共140名学生和101名家长的观影反馈。本文介绍了《包宝宝》电影讨论活动的设计理念、实施过程，并分析所收集数据中的问题及活动的实践效果，为英语教学中的跨文化冲突能力培养提供参考。

3 设计理念

《包宝宝》电影讨论活动旨在引发学生对亲子冲突的思考，让他们在引导下表达对亲子关系的理解和态度，提供管理冲突的方法。邀请学生的父母参与到讨论中，不仅可以提供父母视角，也旨在帮助学生和父母对对方进行情感表达。

本研究选择了2019年奥斯卡最佳动画短片《包宝宝》作为活动的讨论题材，影片由加拿大华裔石之予执导。故事内容为一位华裔母亲在儿子长大离家后感到孤独忧郁，某天却意外成为一个由肉包变成的"包宝宝"的母亲。她对"包宝宝"极其疼爱，但随着"包宝宝"长大，他开始反抗母亲的过度保护。母亲在一次冲突中把"包宝宝"吃了，事后她伤心落泪。影片结局是母亲现实中的儿子带着女友回家，一家人和睦地包饺子。

"跨文化冲突能力"一讲安排在课程讲授的最后一周，课前学生阅读了教材中的相关理论（Jackson 2014），并在课堂中跟随教师总结了冲突的定义、类型、冲突解决的策略分类，以及"非暴力沟通"的四个步骤，即观察、感受、提出需要和请求（Rosenberg & Chopra 2015）。接着教师与学生一同观看《包宝宝》电影，随后学生分组讨论观影感受。通讯作者（即教师本人）参与了3个组的讨论。作为课后作业，学生需要用英语回答6道开放式问题，内容包括反思电影主题、描述冲突、表达情感、提供管理冲突的办法等。

此外，教师鼓励学生邀请自己父母观看影片，并让父母回答相同的6道问题，然后亲子双方交换阅读。这一步骤不仅能促进亲子交流，还能搜集亲子双方数据，从而帮助我们从不同角度和层面深入解读亲子关系和冲突原因，这是过去对亲子沟通常见的单向研究所缺乏的（Zhang et al. 2005）。因本课程仅在一所北京高校开设，样本可能不具普遍性，因而本研究同时在武汉一所高校的学生中布置了相同的作业，且没有进行专门的跨文化外语教学，以期进行对比。

本研究试图回答以下问题。

（1）学生和家长针对电影《包宝宝》如何表达观影后的情感，又如何管理亲子冲突？学生与家长的回答呈现出哪些差异？

（2）两所学校的学生对电影《包宝宝》的讨论有何异同？为什么？

（3）《包宝宝》电影讨论活动对学生跨文化冲突能力的培养有何启示？

4 研究方法

4.1 研究对象

本研究的对象为北京某高校大学英语专题课《语言、文化与交际》非英语专业的45名学生，武汉某高校英语专业的66名大三学生、新媒体专业的29名大一学生以及这些学生的家长（见表1）。

表1 研究对象基本情况

	北京1班	北京2班	武汉英语专业班	武汉新媒体传媒班	总人数
学生回答人数	20	25	66	29	140
家长回答人数	21	23	28	29	101

4.2 数据收集

本研究的数据来自对电影《包宝宝》的观后感作业。该作业的形式为开放式问卷，学生需用英语回答6道问题。

（1）What do you feel and think about this movie? What do you think this movie wants to express?

（2）What were the parent-child conflicts in the movie? What has caused the conflicts?

（3）How do you understand the scene where the mother swallowed Bao?

（4）How do you understand the ending of the movie? Do you like it and why?

（5）If you were Bao (mother), what would you do to solve the conflict(s) in the movie? Why?

（6）What do you want to tell your parents (child) after watching this movie?

同时，教师鼓励学生邀请自己父母观看影片，并让父母用中文回答上述问题。研究者共收到140位学生及101位家长的观影反馈，学生和家长观后感平均篇幅分别为708词及571字，原始资料总字数约为15.7万。

4.3 数据分析

研究者对学生及家长的观影反馈进行自下而上的三级编码。在一级编码阶段，研究者逐句整理原始资料，从中提取出与研究问题相关的句子并加以提炼，形成了58个初始概念。其中，研究者在考察回答者的情感表达时采用了Pavlenko（2008）对情绪标签词与情绪负载词的定义，即前者指直接表达情感状态的词汇，如高兴等；后者指没有直接指代或描写情绪状态，但能引起情绪反应的词，如眼泪等。通过统计回答者对上述两种词汇的使用情况来判断他们是否有情感表达。

在二级编码阶段，研究者注重建立概念的联系，得出19个主要类属。其中，研究者发现共情包括两方面的内容，一是对情绪的识别和理解，二是对双方做法的好坏判断。因此，我们参考了Deardorff（2008）对共情力的定义，即能够从他人角度看待事情，并以他人期待的方式去回应他人，通过"共情角度"和"共情回应"两个维度考察回答者的共情倾向。若回答者从单方角度（父母或孩子）出发，理解该方的想法、感受、经历，此回答的共情角度划分为该方的角度；若回答者从双方角度出发，并对双方展现出上述理解，则划分为双方的角度。共情回应的分析依据为影片亲子冲突责任的判断，即回答者对哪一方使用了负面的评判性词语或提出要求、建议：若回答者指出是父母的问题，即能以孩子期待的方式去回应孩子，则划分为对孩子有共情回应，反之亦然；若回答者指出双方的问题，则对双方都有共情回应；若回答者没有指出任何一方的问题，则划分为无回应。

针对冲突管理的回答内容，研究者结合Zheng和Gao(2022)在双重关注模型（Dual Concern Theory）框架（Thomas & Schmidt 1976）的基础上提出的六种冲突管理策略，对回答者提出的策略描述进行归纳，即：（1）直接表达（articulating，用非对抗情绪通过语言直接表达自己的想法、感受和需要）；（2）主导（dominating，坚持自己，不管对方，常带有语言或非语言层面的对抗）；（3）顺从（obliging，只听对方，牺牲自己）；（4）协作（integrating，既满足对方，也满足自己，达到双方都满意的效果）；（5）妥协（compromising，双方各退一步，达到双方都接受的程度）；（6）回避（avoiding，回避问题，不理睬）。在三级编码阶段，研究者在主要类属的基础上归纳出5个核心类属。具体编码过程如表2所示。为了保证编码的准确性，编码工作由2名作者以相同方式进行，编码重合率达到92.7%，出现不同编码结果的情况由通讯作者加入讨论后达成共识。

表2 三级编码过程

三级编码	二级编码	一级编码
情感表达	观影情绪表达	正性情绪；负性情绪；混合情绪；无情绪表达。
	对孩子的情感表达（父母回答）	表达对孩子的爱；在背后支持孩子；感谢孩子；无表达。
	对父母的情感表达（孩子回答）	感谢父母；对父母的爱；对过去行为感到抱歉；无表达。
共情角度	从孩子的角度	理解孩子成长过程中对独立自主的需求；理解孩子在成长过程中需求的改变；理解孩子会被父母的爱伤害。
	从父母的角度	理解父母对孩子的爱；理解父母是为了保护孩子；理解父母养育孩子的艰辛；理解父母与孩子分离的不舍等。
	从双方的角度	同时出现一条或多条上述对孩子及父母的理解。
共情回应	回应孩子	认为妈妈的爱是控制的、过度的、病态的等；认为妈妈把孩子当作私人物品；认为父母不应该溺爱孩子等。
	回应父母	认为孩子不理解父母的爱；认为孩子应该陪伴父母；认为孩子不顾父母感受；认为孩子不能扔下父母等。
	回应双方	双方缺少沟通；同时出现一条或多条上述对孩子及父母的回应。
	无回应	没有对任何一方使用评判性词语或提出要求、建议。
对冲突的理解	吞包原因	母亲不想孩子离开；母亲失望、生气；母亲爱得不当；母亲的爱。
	吞包性质形容	长期的积累；短暂的冲动；毁灭性。
	对大结局的态度	喜欢；不喜欢；无表达。

（待续）

（续表）

三级编码	二级编码	一级编码
冲突管理策略	直接表达	表达自己感受；与对方沟通。
	协作	顾及孩子、也顾及自己。
	顺从	尊重孩子；放手；给空间。
	主导	希望孩子按照妈妈想法做事情。
	妥协	各退一步。
	有策略改变	直接表达，没用就顺从。
		直接表达，没用就主导。

5　研究发现

本研究发现，对电影《包宝宝》的讨论中，学生和家长在共情回应、对冲突的理解以及冲突管理策略选择上有较明显的差异，而两所高校学生回答的差异主要在情感表达、共情角度和共情回应方面。

5.1　情感表达

在情感表达方面，本研究数据显示，60位家长（59.4%）没有针对电影使用任何情绪标签词或情绪负载词，而77位学生（55%）在回答中表达了自己观影的情绪。其中出现频率最高的词汇是正性情绪词"moved/touching"，共有47位学生提到，也有部分学生在描述电影时使用了带负性情绪的"sad"。整体来说，更多学生观影后获得了感动、温暖和启发（moved，warm，inspiring），约六分之一的学生则在观影后感到伤心及无力（sad，powerless）。

此外，问卷也关注学生及家长对彼此表达的情感，并发现接近六成（57.4%）的家长在回答中对孩子表达了情感，主要主题为对孩子的爱、支持和感谢；学生此项数据比例较家长略高，有60.7%的学生对自己的父母表达了感谢、爱或歉意。

但在以地区为单位分析学生回答时，本研究发现，即使提问一明确区分了情绪（feel）和想法（think），武汉高校回答者大多描述是想法（如"I think this movie is very enlightening, reflecting the prevailing Chinese style of family."），只有43人对自己的观影情绪进行了命名，而在曾于跨文化交际课堂上学习过情感表达的北京学生中，34人在回答中用情绪词语对观影情绪进行了命名，如"After watching this movie, I feel very sad.""I feel touched and a little guilty for my parents."等。而在父母的情感表达统计中，接近七成（68.9%）的北京学生对情绪命名了，武汉学生的该项数据为56.8%。两校学生在情感表达上的差异符合一些学者指出的情感智力发展受多元要素影响，除家庭影响外，学校教育及个人经历也是发展情感教育的重要因素（Matthews et al. 2004）。

5.2 共情倾向

本研究发现数据中的共情倾向包括两个维度，共情角度及共情回应。如表3所示，大部分回答者都能从双方角度出发，同时理解父母和孩子角色的想法、感受或经历，例子如下。

（1）The mom has put too much love on her Bao that the child has become the center of her life, so she thought she can't live without the child, forgetting children also have their own life and have the ability to make their own decisions.

（2）我觉得这首先表达了空巢老人留守的问题，老人没有可以关心的人，开始变得孤单抑郁，这对于整个家庭的发展都是不好的。其次，老人突然有了可以照顾的包宝宝，便开始对他宠爱，不让他有自己的想法，慢慢有了隔阂，甚至到最后还不让他走，表达的就是家长的爱未曾发生过改变，但这样却也慢慢伤害了孩子。

表3　家长和学生共情角度统计

共情角度	学生人数（百分比）			家长人数（百分比）		
	北京高校	武汉高校	总计	北京高校	武汉高校	总计
1–从孩子的角度	0	2（2.1%）	2（1.4%）	0	1（1.8%）	1（1.0%）
2–从父母的角度	0	20（21.1%）	20（14.3%）	4（9.1%）	12（21.1%）	16（15.8%）
3–从双方的角度	45（100%）	73（76.8%）	118（84.3%）	40（90.9%）	44（77.2%）	84（83.2%）

然而，在共情回应维度上，各群体的回答存在较明显差异，例子如下。由表4可见，过半数的家长仅对孩子有共情回应，即只指出了家长角色的问题。

表4　家长和学生共情回应统计

共情回应	学生人数（百分比）			家长人数（百分比）		
	北京高校	武汉高校	总计	北京高校	武汉高校	总计
1- 仅回应孩子	21（46.7%）	31（32.6%）	52（37.1%）	29（65.9%）	22（38.6%）	51（50.5%）
2- 仅回应父母	0	16（16.8%）	16（11.4%）	4（9.1%）	13（22.8%）	17（16.8%）
3- 回应双方	22（48.9%）	35（36.8%）	57（40.7%）	8（18.2%）	14（24.6%）	22（21.8%）
4- 无回应	2（4.4%）	13（13.7%）	15（10.7%）	3（6.8%）	8（14.0%）	11（10.9%）

（3）父母过度宠爱孩子，让孩子附属于自己。

（4）妈妈跳不出思想的桎梏，限制了儿子的发展。

（5）父母不应该时时刻刻管着孩子，应该给他们一些自由和私人空间吧。

而40.7%的学生对双方做共情回应，认为父母和孩子都对冲突有责任，例子如下。

（6）Parents have to accept that their children should have their own life. Children should consider more for our parents.

（7）The movie mainly wants to say the child is not the accessory of the parents. (Parents) should respect the child, at the same time the child should understand the parents, and do not get angry with the parents.

（8）The main idea the movie wants to express is that children should care more about their parents and parents shouldn't protect their children too much.

在对比两地高校学生的回答时，我们发现没有北京学生仅对父母做出共情回应，即认为亲子冲突只是孩子的责任，而武汉学生中有16位（16.8%）只看到了孩子的问题。结合共情角度数据后，本研究发现有15位武汉学生只从父母角度共情、且没有指出父母在亲子冲突中的问题，例子如下。

（9）The lonely old people are living by themselves. The author wants us to pay some time to accompany our parents.

（10）When her son left her without looking back, she was also very sad.

这15位学生中有10位就读大学一年级，约占该年级武汉回答者（共29名）的三分之一。这似乎表示刚与父母分离、在大学开始独立生活的大一学生更易对电影中母亲对孩子的不舍共情，但也可能会忽视了母亲角色一些行为的不妥和过度之处。

共情角度与共情回应维度的回答存在分歧。例如，所有北京学生都能从双方角度理解父母和孩子的情绪及行为，但在回应维度有过半数学生仅对单方做出回应或无回应。在整合统计后，本研究发现能与双方完整共情（即从双方角度共情，且对双方角色有共情回应）的学生比例为40.7%，家长比例为21.8%，其中，学习了跨文化交际课程的北京高校学生的这一比例更高，有48.9%，武汉高校学生该数据比例为36.8%。

5.3 对冲突的理解

影片中最激烈的冲突发生在母亲吞掉"包宝宝"的一幕。在谈到如何理解该场景时，绝大部分回答者都认为根本原因是母亲不想儿子离开。父母和孩子在此题上看似有着较为一致的观点，但两代人对"吞包"场景的理解中仍存在两个比较显著的分歧。

第一，超过十分之一的家长把母亲"吞包"的动作形容为冲动之下的过激行为，提到的关键词包括"情急下的动作""冲动的结果""着急失去理智"等。而学生方面则没有出现这样的描述，反而有同学指出"吞包"反映了母亲过往对孩子的所作所为（"Swallowing is also a reflection of what she used to do to her son."），也有同学认为悲剧发生是由于母亲不愿接受事实，她没意识到很多改变已经发生（"As the mother was unwilling to accept the fact, she did not realize that many changes had already happened."）。这些例子说明家长更倾向于把亲子冲突看作是冲动导致的、突然发生的瞬间性结果，而学生则把冲突理解为长期积累的、反映过去事实的过程性结果。

第二，"吞包"动作被部分家长和学生一致看作毁灭式行为，他们在回答中都提到了"毁掉""毁灭""kill""devour"等动词。然而，当我们仔细分析句子的施事主体时，发现了较大的区别。

家长回答例子如下。

（11）对于母亲吃掉包宝宝那一幕，我的理解是母亲在伤心绝望中表现出来的过激行为；不能爱就毁掉它！

（12）因太不舍，本能地冲动，与其失去，不如占有甚至毁灭。

（13）妈妈没有意识到子女已经长大，觉得孩子走出家门，就是失去了自己的一切，所以不惜毁掉他。

学生回答例子如下。

(14) This plot also implies that parents' excessive discipline is the devouring of their children's future.

(15) The mother's overprotection killed Bao.

(16) It actually shows some parents' desire for irrational control of their children, which can even kill children's life and thought.

除了上面展示的例子，在所有把"吞包"看作是毁灭式行为的家长的回答中，都出现了"母亲—毁掉—孩子"这种句式，表达了母亲作为施事者主动选择"毁掉孩子"；而在提到同样观点的学生的回答中，解释毁灭式行为的句式是"母亲的行为—毁掉—孩子"，意味着"毁掉孩子"并不是母亲主动采取的动作，而是她的行为导致的后果，这些行为的初衷并不是"毁掉孩子"。家长及学生在主语选择上的差异说明在观察亲子冲突时，学生能对冲突的核心原因进行更细致的分析，有意识地避免了过度泛化。

在回答如何理解影片结局时，大部分家长和学生都认为结局代表孩子和父母能够和谐共处，并有80位（79.2%）家长和110位（78.6%）学生表示喜欢该结局。可以看出，无论是家长还是孩子，对两代人和谐共处的结果都是十分向往的。

但同时我们也发现，有更多年轻人不满足于表面的和谐，期待解决与父母的根本矛盾。在表示不喜欢结局的13位学生中，大部分都认为亲子间深层的矛盾还没有解决，如父母仍未能理解孩子（"The ending of the movie mainly reflects the children's understanding of their parents, but not the parents' understanding of their children."）、母亲仍未找到自己的生活（"The mother still doesn't have her own life."）等。而表示不喜欢结局的7位家长中，只有2位提到深层矛盾未解决。

这个差异也符合Zhang等（2005）有关年龄与冲突管理策略的研究发现，即年轻一辈的中国人开始倾向于采用合作型的方式来解决冲突，而年长一辈仍偏向选择回避策略。多位学者指出中国文化强调家庭和谐，注重保护各方的面子（Chen & Starosta 1997；Yuan 2010），而回避型策略有利于维持成员间的关系（Tjosvold & Sun 2002；Yuan 2010）。但也有研究发现中国青少年对传统观念的看法正在改变，对独立性和个人主义有着更开放的态度（张文新等 2006）。

由此看来，即使亲子双方都向往解决冲突、和谐共处，但双方对冲突的理解以及对和谐相处的定义都存在差异，这个差异在亲子冲突管理策略的选择中也有所呈现。

5.4 冲突管理策略

这一主题主要出现在对问题五的回答中 [If you were Bao (mother), what would you do to solve the conflict(s) in the movie? Why?]。

由表5可见，超过八成学生首选直接表达策略来应对亲子冲突，其中大部分学生在具体描述中都用到以下三个步骤的组合。一是表达对母亲的爱，或肯定她的爱与付出；二是讲出自己的感受或要求；三是做出行动上的承诺或建议，如多陪伴母亲、建议她发展兴趣等。例子如下。

(17)（1+2+3）If I were Bao, I would have a deep conversation with the mother on a proper occasion such as when having dinner. I would tell my mother that I know she loves me so much but also what I felt when she tended to control me. I would understand her and try to take some time to accompany her.

(18)（1+2）If I were Bao, I need to communicate with my parents, tell them that I love them, but I need to grow up freely, I do not want them to control me, and make decisions for me at all times.

(19)（2+3）I would tell her that overprotection does no good to me and I need peer friends and some private space. Moreover, I would show her more concern about her, for example I would give her as much company as I could.

表5　学生及家长的首选策略①

冲突管理策略类别	学生首选人数（百分比）			家长首选人数（百分比）		
	北京高校	武汉高校	总计	北京高校	武汉高校	总计
直接表达 articulating	43（97.7%）	72（80.9%）	115（86.5%）	8（19.5%）	9（15.8%）	17（17.3%）
主导 dominating	0	3（3.4%）	3（2.3%）	2（4.9%）	5（8.8%）	7（7.1%）
顺从 obliging	0	5（5.6%）	5（3.8%）	25（61.0%）	35（61.4%）	60（61.2%）
协作 integrating	1（2.3%）	9（10.1%）	10（7.5%）	6（14.6%）	5（8.8%）	11（11.2%）

（待续）

---

① 北京高校41位家长、44位学生，武汉高校57位家长、89位学生对本题进行了回答。

（续表）

冲突管理策略类别	学生首选人数（百分比）			家长首选人数（百分比）		
	北京高校	武汉高校	总计	北京高校	武汉高校	总计
妥协 compromising	0	0	0	0	3（5.3%）	3（3.1%）
回避 avoiding	0	0	0	0	0	0

虽然大部分学生都期望用沟通方式解决亲子冲突，仍有9位同学提到若使用直接表达策略后未能解决冲突，就会选择其他策略，如主导或顺从。研究者认为首选策略和其他策略的关系可能代表着理想与现实的差异，这一差异可在今后教学中用作进一步探究亲子冲突原因的素材。例子如下。

（20）直接表达+主导：Negotiate with the mother first and tell her what I really want to do, and then let her know I have an ability to make sure myself in safety. If failure, I have no choice but to insist my thoughts. I would make them understand me finally.

（21）直接表达+顺从：I would take the initiative to communicate with my mother. I'll let my mother know what I think. If my mother disagrees with me, I will do as she says.

从学生回答情况来看，他们转换策略都是因为"无法通过直接表达策略让父母支持我的决定"。而从表4的数据来看，超过六成的家长选择顺从策略来应对亲子冲突，他们回答中的关键词包括"放手""给空间""顺着孩子想法"等。11位（11.2%）选择协作策略，但当中大部分家长倾向自己采取行动以达到协作效果，提到要"更关注自己的人生""控制自己的分离焦虑"等。而选择直接表达策略的家长只有17位，占17.3%。

对比之下，在面对亲子冲突时，大部分学生首选语言层面的策略，期望通过直接表达来解决问题；但超过八成父母没有把直接表达作为首选的冲突管理策略，他们更多是用行动来表达。在面对这类型的父母时，孩子的直接表达策略难以实现理想中双向沟通、彼此协商的目标。这样的错位沟通在一定程度上导致了学生改变冲突管理策略，并可能进一步加剧亲子冲突。

除了冲突管理策略外，家长在回答中对自己的角色定位也引起了我们的注意，并为探讨亲子错位沟通原因提供了思考的方向。接近四成（38位）家长在想对孩子说的话中把自己或家庭比喻为孩子的"后盾""港湾""背后的支持"，具体例子如下。

（22）而我们默默地做孩子安全的后盾。

（23）家庭是你的港湾，是你的驿站，在外面打拼得累了，记得回来休息。

（24）并在你身后默默地关心和支持你，守望你！

相比于传统中国家长普遍展现的权威、主导角色（Hofstede 1986），这些家长在孩子成长后选择变为在背后给予支持的角色。这似乎是很多中国家长的"必经之路"——改变是为了给孩子的成长让路，这也解释了为何超过半数的家长在面对冲突时倾向选择以"放手""给空间"为代表的顺从策略。

但要注意的是，这种"非权威即后盾""非主导即顺从"的定位在很大程度上加固了亲子角色的二元对立——父母只能走在孩子的前面或后面，却忽略了父母及孩子并肩行走的可能性。亲子间的冲突并不是简单的"你对我错"或"你让步我坚持"的较量，而是一个包含双方价值观碰撞的动态过程。"非主导即顺从"型冲突管理方式阻碍了亲子在这一过程中实现真正平等、双向的沟通，同时还可能掩盖父母在处理与孩子分离时的心理挣扎，如部分家长在回答中指出"虽然不舍得放手，但还是要给孩子一个自由成长的空间""我觉得我可以放手去爱孩子，但担心还存在着"。而未能处理好的心理挣扎表现为冲突管理策略中的矛盾，如一些家长表示"我会和儿子多沟通，让他带女朋友回家，不是总想往外跑"（表面直接表达，内心主导），"一方面我会给孩子自由，但另一方面也希望孩子多回家看看"（表面顺从，内心主导）等。

而超越了这种二元对立，即能够平衡依恋与分离情绪的父母，可能培养出同样亲密又独立的孩子。例如，一位妈妈想对孩子说的话如下。

我爱你，我想让你变得优秀，却不是活成我希望的样子，而是你自己希望的样子。在生命的意义上你是我的奇迹，但是我未完成的梦与你无关，我的希冀不会比你的未来更加重要，我们不过都是对方生命的某个部分。然而我爱你，因为你是我的女儿。

而孩子想对父母说的话如下。

I hope your happiness not just comes from me, you should have your own wonderful life, your happiness should be composed of many things. As I grow older, I can't accompany you forever, so I truly wish you can devote more time and energy to yourself, you should love yourself more than love me, so that our love for each other will not become a burden on each other. But don't worry, my independence doesn't mean I don't need you anymore, you will always be the one I love the most. One day, I will be your shelter and I will support you as you have supported me in the past.

6 总结与反思

本研究通过分析北京及武汉两所高校140位学生及101位家长对电影《包宝宝》的观影反馈，对比了父母和孩子的情感表达、共情倾向、对亲子冲突的理解和冲突管理策略。对于这样一部探讨中国式亲子关系的电影，大部分观影者都表现出了对父母和孩子双方的理解（"共情视角"），识别了依恋与分离情绪之间的张力。相比父母而言，学生在回答中能更细致地分析冲突核心，并倾向在发生冲突时以直接表达的方式与父母沟通；而大部分父母多从单方面反思冲突原因，并把顺从作为理想的冲突管理策略。这可能与孩子所处的时代及其所受的教育有关。父母与孩子对冲突的理解和冲突管理策略的错位，可能导致双方实际生活中沟通的失败，进一步加剧亲子冲突。而能够平衡依恋与分离情绪的父母，也可能培养出同样亲密又独立的孩子。

两校之间的差异主要呈现在情感表达和共情倾向上。其中，75.6%的北京高校学生对他们观影后的情感进行了命名，武汉高校学生中的这一比例为45.3%；68.9%的北京学生在回答中对父母表达了情感，而武汉学生的相关比例为56.8%。另外，48.9%的北京学生能从双方角度共情，并对双方角色做出共情回应，而同样完整共情双方角色的武汉学生比例仅为36.8%。这些差异很可能来自北京高校跨文化交际课堂中已有专门培养学生情感能力的内容。尽管有课堂干预，但我们发现仍有超过五成的北京学生未能从双方角度来思考冲突的原因、未能与双方完整共情；而未接受过跨文化交际教学的武汉学生的这一比例更是超过六成。

Deardorff（2006）指出，个人跨文化能力发展的外在结果不一定代表其内在的转变。如本研究显示，面对亲子冲突时，大部分学生于外在层面表现出适当的态度和行为（如客观分析冲突、选择更"兼顾双方"的直接表达策略），但在内在层面上，学生"顾此失彼"的情况仍然存在。通过进一步对比父母和孩子的回答，本研究发现了亲子间"非主导即顺从"的冲突管理方式，并发现这种方式与学生在共情倾向上"顾此失彼"的现象有着本质上的互通性，即二元视角的固化。"非主导即顺从"冲突管理方式阻碍了亲子双方的平等沟通，加固了对话角色的二元对立，或使亲子更难获得"兼顾双方"的内在转变。

本研究发现的亲子冲突管理方式与以往跨文化研究国内学生在冲突中"顾此失彼"的表现十分相似，进而提出一种假设，即孩子会将从亲子冲突中学到的管理方式迁移到其他社会情景中（俞国良、周雪梅 2003），"非主导即顺从"的冲突管理策略可能作为惯习影响孩子日后的冲突管理模式，如以民族中心主义倾向的形式出现在跨文化冲突场景中。

图1展示了这种假设，即"非主导即顺从"型亲子冲突管理方式可能导致民族中心主义倾向的跨文化冲突管理方式，对部分研究中指出中国大学生在跨文化交际中仍受困于民族中心主义，将自己与文化他者放在二元对立的位置（高一虹等 2021），或在呈现出较为整合开放的态度的同时，行为上仍体现出民族中心主义倾向（Chen & Zheng 2019）提供了一种解释。在该假设中，来源于亲子冲突的"非主导即顺从"型冲突管理惯习可能是阻碍学生获得跨文化能力内在结果的一大原因。

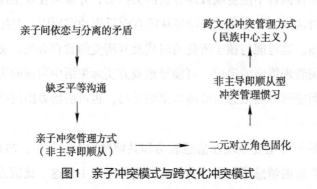

图1 亲子冲突模式与跨文化冲突模式

这种惯习让学生在面对其他文化时，理所当然地将自己和文化他者分化为二元对立的角色，并根据语言、国家或其他因素将自己代入"主导"或"顺从"的角色，因而没法以开放、整合的方式进行跨文化交流。这种惯习是在亲子互动中形成的，其根本原因可能来自"非主导即顺从"的父母未给予孩子平等沟通的空间，而体会到父母单向默默付出"爱"的孩子会将分离与依恋对立起来，即认为接受甚至适应新的文化是对母文化的背叛，因而无法完成跨文化情境中需要的整合性转化。在这一转化过程中，识别、感受和理解复杂、矛盾的情绪，可能起着关键作用（Brackett 2019）。未来的研究需要更好地研究设计验证这一假设，进一步探索亲子冲突中形成的冲突管理惯习与跨文化情境中冲突管理方式的关系。

布迪厄（1998：178，184）指出，尽管惯习稳定持久，但亦是一个可随经验改变的、开放的动态系统。如果本研究提出的假设成立，要全面提高学生的跨文化能力，尤其是跨文化冲突能力，教育者及学生都需意识到冲突管理惯习的存在，并针对惯习的形成进行反思性教学。本文通过展示《包宝宝》电影讨论活动的数据分析结果，总结了学生与家长在亲子冲突管理中常见的认知、情感与行为倾向与错位，帮助研究者对跨文化冲突管理模式的可能来源有了更清晰的认识。在未来的跨文化教学中，教师在使用与《包宝宝》类似的电影作为"引发"步骤时，应帮助学生进一步看到自己的冲突管理惯习，并反思惯习对跨文化冲突管理模式的影响，从而真正做到"溯源"，提高他们的跨文化冲突管理能力。本文的局限还包括数据来源是父母及孩子作为亲子冲突"旁观者"的自我报告，且受到课堂情境的建构，可能与真实情景中的亲子冲突仍有一定差别。未来研究可以采用观察、访谈等研究技术，关注现实生活中的亲子冲突情况和管理策略，考虑年龄、经历、教育等各方因素对冲突管理方式的影响，增加课堂干预前的调研，以此进一步优化跨文化外语教学中的"溯源"步骤。

参考文献：

Brackett, M. 2019. *Permission to Feel: Unlocking the Power of Emotions to Help Our Kinds, Ourselves, and Our Society Thrive* [M]. New York: Celadon Books.

Bukowski, W. M., Newcomb, A. F., & W. W. Hartup. 1998. *The Company They Keep: Friendship in Childhood and Adolescence* [M]. Cambridge, UK: Cambridge University Press.

Chen, G. M. & W. J. Starosta. 1997. Chinese conflict management and resolution: Overview and implications [J]. *Intercultural Communication Studies* (7): 1-16.

Chen, Y. & X. Zheng. 2019. Chinese university students' attitude towards self and others in reflective journals of intercultural encounter [J]. *System* (84): 64-75.

Cuff, B. M. P., Brown, S. J., Taylor, L. et al. 2016. Empathy: A review of the concept [J]. *Emotion Review* 8(2): 144-153.

Deardorff, D. K. 2006. Identification and assessment of intercultural competence as a student outcome of internationalization [J]. *Journal of Studies in International Education* 10(3)：241-266.

Deardorff, D. K. 2008. Intercultural competence in higher education and intercultural dialogue [A]. In S. Bergan and H. Land (eds.). *Speaking Across Borders: The Role of Higher Education in Furthering Intercultural Dialogue* [C]. Strasbourg Cedex: Council of Europe Publishing, 87-99.

Denham, S. A. & R. Burton. 2003. *Social and Emotional Prevention and Intervention Programming for Preschoolers* [M]. New York: Springer.

Fuligni, A. J. 1998. Authority, autonomy, and parent-adolescent conflict and cohesion: A study of adolescents from Mexican, Chinese, Filipino, and European backgrounds [J]. *Developmental Psychology* 34(4): 782-792.

Hammer, M. R., Bennett, M. J. & R. Wiseman. 2003. Measuring intercultural sensitivity: The intercultural development inventory [J]. *International Journal of Intercultural Relations* 27(4): 421-443.

Hofstede, G. 1986. Cultural differences in teaching and learning [J]. *International Journal of Intercultural Relations* 10(3): 301-320.

Holmes, P. & G. O'Neill, 2012. Developing and evaluating intercultural competence: Ethnographies of intercultural encounters [J]. *International Journal of Intercultural Relations* 36(5): 707-718.

Jackson, J. 2014. *Introducing Language and Intercultural Communication* [M]. London: Routledge.

Matthews, G., Zeidner, M. & R. D. Roberts. 2004. *Emotional Intelligence: Science and Myth* [M]. Cambridge, US: MIT Press.

Mezirow, J. 1994. Understanding transformation theory [J]. *Adult Education Quarterly* 44(4): 222-232.

Pavlenko, A. 2008. Emotion and emotion-laden words in the bilingual lexicon [J]. *Bilingualism: Language and Cognition* 11(2): 147-164.

Rosenberg, M. B. & D. Chopra. 2015. *Nonviolent Communication: A Language of Life: Life-Changing Tools for Healthy Relationships* [M]. Encinitas: PuddleDancer Press.

Schneider, B. H., Atkinson, L. & C. Tardif. 2001. Child–parent attachment and children's peer relations: A quantitative review [J]. *Developmental Psychology* (37): 86-100.

Smith, A. 2006. Cognitive empathy and emotional empathy in human behavior and evolution [J]. *The Psychological Record* 56(1): 3-21.

Sousa, C., Herrenkohl, T. I., Moylan, C. A. et al. 2011. Longitudinal study on the effects of child abuse and children's exposure to domestic violence, parent-child attachments, and antisocial behavior in adolescence [J]. *Journal of Interpersonal Violence* 26(1): 111-136.

Thomas, K. W. & W. H. Schmidt. 1976. A survey of managerial interests with respect to conflict [J]. *Academy of Management Journal* 19(2): 315-318.

Ting-Toomey, S. 2012. Understanding intercultural conflict competence: Multiple theoretical insights [A]. In J. Jackson (ed.). *The Routledge Handbook of Language and Intercultural Communication* [C]. London: Routledge.

Tjosvold, D. & H. F. Sun. 2002. Understanding conflict avoidance: Relationship, motivations, actions, and consequences [J]. *International Journal of Conflict Management* 13(2): 142-164.

Yau, J. & J. G. Smetana. 1996. Adolescent-parent conflict among Chinese adolescents in Hong Kong [J]. *Child Development* 67(3): 1262-1275.

Yuan, W. 2010. Conflict management among American and Chinese employees in multinational organizations in China [J]. *Cross Cultural Management: An International Journal* 17(3): 299-311.

Zhang, Y. B., Harwood, J. & M. L. Hummert. 2005. Perceptions of conflict management styles in Chinese intergenerational dyads [J]. *Communication Monographs* 72(1): 71-91.

Zheng, X. & Y. Gao. 2022. The discursive construction of identities and conflict management strategies in parent–child conflict narratives written by Chinese university students [A]. In X. Dai & G. M. Chen (eds.). *Conflict Management and Intercultural Communication* (2nd edition) [C]. London: Routledge, 211-219.

Zheng, X. & Y. Gao. 2019. Promoting intercultural competence in English Language Teaching: A productive bilingualism perspective [A]. In X. Gao (ed.). *Second Handbook of English Language Teaching* [C]. Switzerland: Springer International Publishing, 199-219.

布迪厄、华康德，1998，《实践与反思：反思社会学导引》[M].北京：中央编译出版社。

高一虹、颜静兰、陈建平、刘毅、许宏晨、郑萱，2021，《中国英语使用者语言态度与认同—基于国际活动跨文化志愿者的考察》[M].北京：北京大学出版社。

马海良，2021，《跨文化研究论丛.第5辑》[M].北京：外语教学与研究出版社。

欧群慧、陈向明，2021，权威型母亲的防御性沟通：亲子冲突性对话的言语行为分析[J].《少年儿童研究》（12）：15-21，44。

王云峰、冯维，2006，亲子关系研究的主要进展[J].《中国特殊教育》（7）：77-83。

肖龙福、肖笛、李岚、宋伊雯，2010，我国高校英语教育中的"中国文化失语"现状研究[J].《外语教学理论与实践》（1）：39-47。

俞国良、周雪梅，2003，青春期亲子冲突及其相关因素[J].《北京师范大学学报（社会科学版）》（6）：33-39。

张文新、王美萍、Fuligni A，2006，青少年的自主期望、对父母权威的态度与亲子冲突和亲合[J].《心理学报》（6）：868-876。

作者简介：

郑萱（通讯作者），北京大学外国语学院外国语言学及应用语言学研究所助理教授。研究方向：外语教育、跨文化交际。通信地址：北京市海淀区颐和园路5号北京大学外国语学院，邮政编码：100871。邮箱：xuanzh@pku.edu.cn。

卢韵如（第一作者），北京大学外国语学院外国语言学及应用语言学研究所博士研究生。研究方向：外语教育、跨文化交际。邮箱：lyrmaggie@gmail.com。

张荷瑶（第二作者），江汉大学外国语学院，讲师，博士。研究方向：语言学、翻译学。邮箱：shirley_lotus@163.com。

（责任编辑：廖鸿婧）

城市文化传播对国际传播实践的启示
——以《黄鹤楼》和《知音故事》在德传播为例

周　俊

摘要： 本文通过《黄鹤楼》和《知音故事》的国际传播实践，为城市文化国际传播的理论创新和实践路径提供新思路，强调城市文化国际传播作为一个全面系统工程要从粗放式向精细化转型，要注重对传统文化的创造性转化和创新性发展，要挖掘其当代价值和世界意义；同时指出国际传播对象要分类分层对待，传播方式要从短期动态向长期可持续性、从单一传播向双向传播转变，要充分发挥文化传播在城市国际化建设方面的功能和作用。本文认为，调研决策机制的运用、国际传播本土化的建设以及国际传播能力提升培训等措施，是讲好城市文化故事、促进文明交流互鉴、助推构建人类命运共同体的关键所在。

关键词： 城市传统文化故事；创新传播；国际传播本土化建设；国际传播系统论

1 引言

深化文明交流互鉴，推动中华文化更好走向世界。如何将"讲好中国故事，促进文明互鉴"聚焦到讲好友城城市文化故事是我们的一个创新试点，因为国际友城关系既是国家总体外交的重要组成部分，也是民间外交的重要载体，对国家和城市本身皆具有显著战略价值。友城关系亲不亲，关键在民心，深入推进友城之间的民心相通是新时代中国民间外交的重点议题，而城市传统文化作为城市的"魂"与"根"，既是城市故事的素材，也是中华民族的精神命脉（周俊 2023）。讲好城市文化故事是打破文化壁垒、深化他国民众对城市及其所在国家的认知，促进民心相通的有效途径。

武汉宣传部及有关部门与我们合作，将《黄鹤楼》和《知音故事》这一武汉特有的宝贵资源当作独特战略资源，置于人类共有精神财富的坐标系中，指出其所具有的世界普遍文化含义，不仅唤醒传统文化之魅，更赋予其现代化之魂，使其更好地服务于一带一路、民心相通的时代命题。我们重新创作出版的德文版《黄鹤楼》和《知音故事》也是在德国市场推出的第一个中国城市故事系列。这两部作品问世之后在德国备受好评，被认为在促进中德双方文明互鉴、助推构建人类生态环保命运共同体上发挥了积极作用。德国环保行业协会主席哈仁康普（Patrick Hasenkamp）在看完《知音故事》之后表示，他不仅看到了伯牙子期因为音乐相通留下的千古佳话，更看到了中国在治理生态环境这个议题上发出的寻找共同推进构建人类命运共同体的呼声。他希望能与中方在生态文明建设方面携手共谱知音合作新篇章（周俊、高铭远 2021：96）。在接下来的篇幅中，我们将详细讲述如何讲好城市文化故事，促进文明交流互鉴。

2 用创新方式讲好城市传统文化故事

上述标题包含三个元素，即"城市传统文化""故事"以及"创新国际传播"。具体而言，城市传统文化作为城市的"魂"与"根"，既是城市故事素材取之不尽的源头活水，也是中华民族的精神命脉；而讲故事是开展国际传播的最佳方式。我们将创新国际传播方式融入讲好城市传统故事中，三者紧密结合，即可达到良好的传播效果。用讲故事的方式创新城市文化传播很重要，比如有的城市从饮食角度打造城市品牌，但只介绍菜肴，不介绍饮食背后的文化故事，也不使用创新的国际传播方式，结果传播效果大打折扣。城市美食文化也好，城市其他优秀传统文化也罢，走向国际市场的过程中如果将上述三个要素结合起来，不仅可以增强传播效果和影响力，打造城市国际品牌，也可助力城市国际化合作和产业转型升级。诚如德国市长协会主席乐为（Markus Lewe）所说，《黄鹤楼》和《知音故事》是他担任市长协会主席以来看到的第一本来自中国的城市故事书。他认为一个城市没有文化故事，就如同一个人没有灵魂。乐为指出，这两本书是中国城市国际传播的新样板、新典范和新标杆，希望中国其他城市学习借鉴这种模式。他同时表示，从长远来说，中德城市双边关系的主旋律应该是文化交流、文明互鉴及在此基础上建立的信任机制；仅仅建立在经济合作上的交流是短期的、不可持续的（周进 2020）。

3 对传播对象和市场进行基础性调研和应用型研究

马克·吐温曾说，给你带来麻烦的，不是你不知道的事，而是你自以为知道，其实错误的事。在国际传播中也存在这种因为不做市场调研而对受众市场和群体产生认知偏差的情况。"调查研究是一门致力于求真的学问，一种见诸实践的科学，也是一项讲求办法的艺术。要坚持和完善先调研后决策的重要决策调研论证制度，把调查研究贯穿于决策全过程，真正成为决策的必经程序，不断提高决策的科学化水平。"（《瞭望》编辑部 2016：16）而如何将调研决策制引入到中华文化国际传播中，是当前迫切需要解决的问题。

《黄鹤楼》和《知音故事》的创新传播实践，充分说明调研决策机制对传播效果的重要性。比如大多数中国人对黄鹤楼的认识源自崔颢和李白的诗词，但我们通过市场调研发现德国是童话故事之乡，德国大多数城市有童话故事，所以我们在国际传播实践中对《黄鹤楼》进行了重新创作，将其改编成童话故事，结果很受欢迎。我们采用的出书形式也经过了市场调研。我们发现德国人喜欢读书，是一个读书的民族，而图书市场关于中国的书很少，所以当我们的书进入德国童话博物馆的时候，馆长汉娜（Hana）博士特别激动地表示，该博物馆有世界各地的童话，亚洲馆藏有日本、韩国的童话，《黄鹤楼》是第一个进入该博物馆的中国城市童话故事，德国童话博物馆的工作人员非常荣幸收藏这本书（周俊 2018：4）。

因此，通过市场调研，我们可以找到最佳传播方式、最佳传播渠道、最有效的传播路径以及最合适的传播人群，从而提高传播力和影响力，而非仅仅依托媒体这一单一传播渠道。在深化传播效果方面，立体多元化的传播方式和渠道尤为重要。与城市传播相似，中医药、中国考古文化、中国美食、乡村振兴等国际传播也面临知彼的问题。如果引入科学调研决策机制，对传播市场和受众进行科学调研，就会发现传播瓶颈和问题在哪里，进而从问题导向中找到解决方案。

4 国际传播与翻译不可相互等同

国际传播和翻译是两个不同领域的不同概念。城市文化国际传播不是简单地把原有文字翻译成外语，而是需要收集整理加工材料，对传统文化进行创造性转化和创新性发展，挖掘其当代价值和世界意义。中国目前有不少城市都拥有优秀的传统文化故事，但大多还处于原始状态，缺乏故事性与逻辑性。和德国相比，中国城市故事传播存在时代断层。德国格林童话故事之所以在全世界广为流传，是因为格林兄弟花费了毕生精力收集整理民间故事进行重新创作，而中国的城市故事还处于民间原始状态，需要进行加工整理再创作。

《黄鹤楼》和《知音故事》德文版的创作过程是在不改变原意的情况下，对传统文化进行创造性转化和创新性发展，挖掘其当代价值和世界意义，以此发挥两个作品的战略资源作用，破解世界认识中国的当代难题，消除国际对中国环保认识的偏见和误解。《知音故事》更是将构建人类生态命运共同体、共谱生态文明知音合作新篇章融入其中，让中国传统文化在世界舞台上绽放新的光芒，更具生命力、影响力和感召力。可见，国际传播并不能简单地等同于海外翻译。作品翻译出来，如果不进行有效的传播，走向社会，走向民间，只会停留在象牙塔内或束之高阁中。

5 建立可持续性传播奖励机制

文化的推广是一项长期工程，是一个需要持续定力的过程，需要制定系统的推广传播战略，分阶段、有步骤地进行。因此，需要建立相应的激励机制，让传统短期断层的传播方式向长期可持续性转型。就像杜塞尔多夫总领事杜春国对《黄鹤楼》和《知音故事》可持续性推广模式的总结：文化传播，需要久久为功，善做善成。《黄鹤楼》和《知音故事》之所以在德国慢慢产生影响力，是因为两书每年寻找各种新渠道、新路径做深度传播，从进入学校、图书馆和书店，到参加中国节、龙舟节等各种民间活动，再到作为中国作品入围登上国际母语节的舞台，没有一系列的后期深入推广，不可能产生深刻影响力（亚平宁 2020）。国际传播并非每年赴海外参加一次展览、做一次推介就够了。优秀传统文化作为最深厚的文化软实力，需要不断深化可持续性推广空间。因此，评奖机制要鼓励做深度推广，不仅仅评选年度最佳传播奖，更要激励优秀作品的可持续性传播，关注其在纵深方面的影响力，注意深度传播，使更多的海外受众欣赏和感受到中华文化的艺术魅力。

6 发挥城市文化传播在城市国际化建设中的功能和作用

中国有大量优秀的城市文化故事，但在国际舞台上却鲜为人知。究其原因有两点值得探讨。一方面，地方政府对城市文化传播的重要性认识不足，缺乏专业的国际传播人才队伍。地方政府重视国内生产总值，把城市招商引资放在第一位，殊不知创新城市文化传播是城市招商引资、招才引智的第一个金字招牌。另一方面，在我们对国内城市地方官员的调研中，不少官员谈到城市文化国际传播的具体呈现和实际推动工作是一大难题。目前很多国际传播在实践层面以外国媒体发稿量作为重要评估标准，在精准传播和有效传播上缺乏创新突破，对高端重要传播对象和群体没有做深度挖掘，而且没有对接城市国际化发展所需的产业链。放眼国外，很多国家都非常看重城市文化传播。德国市长协会主席乐提到，只有在文化交流、文明互鉴基础上建立起信任机制，才能更好促进中德双边城市在经济、科技等其他领域的长期有效合作。因此，如何在传播效果上做战略性调整和创新是我们城市文化国际传播需要深入思考的问题。

带着这样的问题，我们在《黄鹤楼》和《知音故事》的传播试点中，对精准传播对象采用定量和定性的调研方式，并与传播对象保持密切深度的接触。后一举措取得良好传播效果，使得德方在大学城、环保高科技产业领域及高端人才合作方面做出积极反馈，提出加强与武汉的创新务实合作。正是因为两本书的创新传播，武汉热干面被首次推向德国主流市场，受到欢迎；湖北莲藕被介绍给德国人，激起德国企业开发莲藕市场的产业链计划，带动湖北莲藕产地的乡村振兴。通过一系列实践我们发现，创新城市文化传播、打造城市品牌，对实现招商引资、招才引智的跨越式发展，推动城市国际化合作和产业转型升级，助力城市文旅发展和乡村振兴都会带来积极作用和直接影响。

7 由单一传播向双向互动传播转型

习近平总书记指出，文明因交流而多彩，文明因互鉴而丰富。文明交流互鉴，是推动人类文明进步和世界和平发展的重要动力（习近平 2019）。讲好城市文化故事，传播中华文化，促进文明交流互鉴，需要双边城市文化的互动传播，而不是单方面的我讲故事你来听。城市文化传播双向互动就是既要向德国人讲好中国城市故事，也要向中国介绍德国城市文化故事、城市治理先进管理经验。《黄鹤楼》和《知音故事》在德国传播能迅速打开多方传播渠道，取得好的传播效果，得益于双向传播的理念和实践带来的品牌效应。

虽然近年来中国学界已指出双向传播和多向传播在国际传播中的重要性，但地方城市国际传播体系建设中大部分传播仍是单向的。这在很多地方城市外宣办的功能设置（其功能和职责就是把本地文化传播到海外）上体现得最为明显。当我们提出可以报道并引进国际上好的城市文化和故事和好的管理经验和体系时，得到的答复多是"这个不归我们管，我们只负责输出，不负责引进"。缺乏双向传播的制度建设，城市的文化国际传播效果和文明的交流互鉴效果会大打折扣，人类命运共同体的共建进程也会受到影响。

德国明斯特中国研究中心[①]作为一家将理论和实践相结合的国际智库，长期从事中德城市管理对比研究，着眼于城市品牌和城市文化的国际传播。我们不仅仅把武汉故事传播到德国，同时也把德国城市治理经验介绍到中国，实现双向传播。中

[①] 德国明斯特中国研究中心隶属德国明斯特大学社会学系调研中心，是一家将理论和实践相结合的国际新型智库，致力于将实践成果转化为前沿理论并在实践中检验、修正理论从而更好地推动实践，中心成员既是理论的研究者，也是实践的先行者。

心撰写的研究成果不仅在众多中国媒体上发表并被转载，还吸引了国内城市相关部门前来德国考察学习，并把这些管理经验运用到实践管理中去。2007年，上海派出环卫代表团在研究中心的课题组学习德国垃圾分类，为上海2019年全面推动垃圾分类奠定基础；2013年，浙江省派出研修班在课题组学习研究德国城市可持续发展和新城镇建设经验，为中国乡村振兴特色模式的创建工作提供了有益的借鉴和实践指导。研究中心关于德国无废城市的培训教育体系也引起国内相关部门的高度重视，相关部门希望将德国成功的国际教学模式与中国特点相结合后引入到中国，在推动中国式现代化建设中谱写新篇章。

正因为我们把优秀的德国文化和城市管理经验介绍到了中国，促进了中国城市国际化建设和管理，德国众多媒体对我们在中德文化交流中的创新实践和贡献进行了深入报道；在此基础上我们获得了德国市民的认可，这种认可在很大程度上确保我们在德国宣传中国城市的时候可以取得良好效果。正因如此，我们在向德国市民介绍中国城市文化的时候，大家会心怀感激地说，你们就是那个把我们城市故事介绍到中国去的桥梁！于是大家有了很好的互动交流，建立了诚信和友谊，也就有了后来在全德狂欢节上推出支持中国的花车；当良渚纪录片在德国寻找播出渠道处处碰壁的时候，我们进行中德文化双向传播的经验以及良好口碑为良渚这一考古文化在德国的传播打下了基础，解决了播出渠道方面的问题。

8 国际传播的本土化建设

国际传播的本土化建设既包括传播内容的本土化，也包括传播渠道的本土化建设。

8.1 国际传播内容的关联性和本土化建设

关于国际传播内容本土化建设的问题，笔者希望用两个实践案例来说明。如果我们在前期内容制作环节，遵循一国一策的传播原则，针对传播内容本土化作出预案、设计和处理，那么将会有越来越多的优秀的中华文化在国际舞台呈现。第一个案例发生在2008年汶川地震发生的时候。当时德媒大量报道和转载汶川地震的情况。笔者及团队向德国媒体推荐四川籍留学生，通过她讲述她的亲人在汶川的遭遇，将汶川的真实信息传递给德国民众。真实的报道感动了德国民众，随后笔者及团队组织了德国唯一一家由德国市长、德国红十字会和德国民众共同参与的为汶川募捐的活动。德国主流媒体纷纷报道此次募捐活动，无数中国人也深受感动（周进2008）。

同样，我们通过关联信息和后期本土化加工将良渚文化第一次推向了德国。中国考古纪录片《良渚》在德国前期推广的时候遭到了所有电视台的拒绝，后者认为这个纪录片的内容缺乏与德国的关联性，他们甚至提出由德方参与重新拍摄。笔者和战略合作伙伴德国城市电视台联盟主席商讨之后决定重新对纪录片进行包装整理，在原片基础上添加两个嘉宾专访。这两位嘉宾一位是中德文化交流专家，一位是德国考古协会中国部主席瓦格纳（Wagner）教授：前者通过介绍近二十年的中德文化交流经验引出为何推荐《良渚》，后者从考古的角度对良渚文化进行专业点评。这个处理说明了引进纪录片的价值和意义，展示了中国考古成就对世界文明的重大贡献，并与德国受众产生联系，最终使纪录片《良渚》在德国放映，向德国民众及国际社会展示了博大精深的中华文明。

8.2 国际传播渠道本土化的建设

在传播渠道本土化建设问题上，传统国际传播方式面临一些问题。《中央主要新闻网站国际传播力报告》显示，中国网媒在海外社交媒体上的声音整体上还比较微弱，中国网络新闻栏目在社交媒体平台上的吸引力还比较有限。海外被访者很少接触中国媒体的主要原因有三：一是"不知道应该看什么中国媒体"，二是"话语表达方式不地道，看不明白"，三是认为中国媒体（包括网媒）不可信（孙敬鑫，伍刚2016）。加强传播渠道本土化研究是当前的重要课题之一。

明斯特中国研究中心从创立初就与德国本土传播渠道合作。借力外媒，通过合作产生公信力、影响力，力图克服国际传播的政治、法律和文化障碍，降低成本，达到更好的传播效果。我们和德国城市电视台联盟和其他德国主流媒体的合作就充分说明了这点。在中华文化国际传播的实践中我们发现德国本土传播渠道的多样化程度远远超出我们的想象，但国内对传播渠道认知和理解的局限性影响了传播效果。比如，我们根据德国人喜爱读书的特点研究了德国图书馆。我们发现图书馆会举办童话故事节和国际母语节。正因为这些发现，《黄鹤楼》和《知音故事》成为最先进入德国童话博物馆的中国城市故事，《知音故事》也成为第一个登上国际母语节舞台的中国作品。

9 加强国际传播人才队伍建设

习近平总书记强调，要全面提升国际传播效能，建强适应新时代国际传播需要的专门人才队伍（央视网2021）。《黄鹤楼》和《知音故事》的创新案例自2018年经由屠海鸣在全国两会进行报告之后，走入大学课堂，并作为中国城市国际传播唯一案例入选2021年出版的智库文献《中国国际传播发展研究》，获得了广泛关注。2022年9月，这两个案例第一次走进武汉外办讲堂，笔者应邀做了提高国际传播能力的专场报告。报告指出，不仅要积极推动两个故事走进德国民间，更要将两个故事推向全球，更好地服务"一带一路"这一时代命题，积极推动由两个故事传播带来的国际化合作和产业转型升级项目的落地；而且所有参与听课人员也感受到，视野的开阔与传播能力的提高可以换来意想不到的增长机会，帮助政府管理部门实现飞跃式发展。基于笔者与国内不同单位（从高校到地方政府）共组培训的实践来看，具有国际化思路和创新传播理念的人能更好地弘扬跨越时空、超越国度、富有永恒魅力、具有当代价值的文化精神，让中华文明同世界各国人民创造丰富多彩的文明，为人类提供正确的精神指引和强大的精神动力。

10 对国际传播系统论的创新研究和战略体系重构

用系统论思维建构国际传播战略体系，就是要对国际传播进行系统化、制度化的战略规划设计，使国际传播涉及的主体、渠道、技术、信息、规则等要素围绕总体战略目标相互配合、发挥作用，从而达成传播目标，进而服务新格局下的城市及国家发展。要完成和实现这一价值目标，构建基于全球传播生态的中国国际传播体系，就需要解决国内国际两个层面的问题，即国内系统思维战略传播体系的构建与国际本土传播系统论的创新研究。

10.1 国内系统性传播体系的构建

笔者及团队从《黄鹤楼》和《知音故事》的国际传播实践中总结出：文化国际传播是一个全面系统工程；国际传播要从粗放式向精细化转型；对传统文化要进行创造性转化和创新性发展，挖掘其当代价值和世界意义；传播对象要分类分层；传播方式要由短期动态向长期可持续性转型；单一传播要向双向传播转型；要发挥文化传播在城市国际化建设的功能和作用；开展提高国际传播能力的培训等，将这些措施全面综合地运用到城市文化国际传播中，才能真正讲好城市文化故事。在传播效果的实践转化方面，我们提出创建合作系统联动平台。比如在《黄鹤楼》和《知音故事》的创新传播中搭建了分属不同领域的国际合作平台，成果转化涉及很多产业和部门的国际化合作、产业链项目对接。由此可见，需要创建一个合作系统联动平台，让城市文化的传播效果落到实处。

10.2 国际（德国）本土传播系统论的创新研究

德国系统化管理理念和体系融入社会各部门，在传播领域有着完善成熟的系统体系。但国内学者及实践者对德国系统传播生态认识和理解不足，传播内容很多时候处于系统传播链之外或者传播价值链底端。只有熟悉了解了德国本土系统传播体系，把中国文化元素融入传播系统链中，才能提高中华文化的传播力和影响力。目前国内做国际市场的传播思路和方法是参加每年海外的布展、推介，举办一场活动，德国媒体报道一下就算完成了国际传播，这种传播思路和方式距离进入德国系统传播链尚远。

通过《黄鹤楼》和《知音故事》的国际传播，我们一直在尝试如何一步步进入德国传播系统链中，期间收获了很多意外的惊喜。例如，我们发现在新媒体无孔不入的今天，仍有83%的德国人坚持阅读传统书籍，因此我们推出书籍形式的武汉城市故事。随后我们发现德国94%的图书馆希望增加中国书籍的馆藏数量，[①] 随后，武汉故事成为第一个进入德国图书馆的中国城市故事。我们在研究德国图书馆的活动时，发现它的开放性以及与社会各阶层、各组织、政府各机构、社会团体联合举办的活动多样性超出我们的想象。可以说，图书馆这个概念在德国语境下其功能与作用都远比中国图书馆丰富。从图书馆的项目延伸中我们发现，德国社会与政府机构对多元民族文化给予的鼓励和支持力度极大，提供了各种形式的展示平台。在这些平台上我们可以看到土耳其、日本等国家和地区的文化元素，但却很难见到中国文化元素。这便是《知音故事》第一次亮相国际母语节就可以入围并登上舞台的原因。

不仅如此，德国在专项细分市场里也有完整的传播体系。例如，德国考古文化针对幼儿园、小学、中学学生和成年人都有不同的传播理论和教材，实现了对传播对象分类、分层、分群的传播。此外，学科建设上也开设了专门的考古大众传播学，各个博物馆的考古内容传播更是琳琅满目，在开放日举办的中世纪场景再现活动从吃、穿、住、用、行各方面完整地展示了中世纪的文化及相关背景知识。创新创意无不融入系统传播体系中。我们给国内官员开设过一门课，"德国是如何将中国的一句话变为系统工程来做的。"这门课很受欢迎，该课程用各种案例介绍了德国如何把工匠精神、精细化作风与系统化理念融入德国社会体系中，体现德国品质和德国精神。德国的传播体系也是如此。

---

① 摘自2020年德国明斯特中国研究中心完成的中华文化学院高端智库课题《中华文化海外传播力影响研究》。

11 结语

如果中国加强对这些传播体系的系统研究，不仅可以更好地学习借鉴国外先进经验，建立完善国内传播体系，而且能为中华文化进入德国传播体系寻找到新的路径，通过交流互鉴，共同为人类命运共同体的构建贡献思想、智慧和力量。

参考文献：

《瞭望》编辑部，2016，再看从"调研开局"到"调研开路"[J]，《瞭望》（19）：6-16.

孙敬鑫、伍刚，2016，中央主要新闻网站国际传播力报告[EB/OL]，12月22日。http://www.cac. gov.cn/2016-12/22/c_1120167875.htm.

习近平，2019，文明交流互鉴是推动人类文明进步和世界和平发展的重要动力[EB/OL]，5月1日。 http://www.xinhuanet.com/politics/2019-05/01/c_1124441319.htm.

亚平宁，2020，中德各届助力中华传统文化走进德国民间[EB/OL]，9月14日。https://baijiahao. baidu.com/s?id=1743997954941438869&wfr=spider&for=pc.

央视网，2021，加强我国国际传播能力建设 习近平再作部署[EB/OL]，6月2日。https://news.cctv. com/2021/06/01/ARTIRJRypbI5snZ0FTUI4zd0210601.shtml.

周进，2008，明斯特华人为震灾募捐感动德国 市长吁市民捐款[EB/OL]，5月21日。https://china. huanqiu.com/article/9CaKrnJkvgG.

周进，2020，前全德市长协会主席谈疫情为中德城市合作带来的机遇和挑战[EB/OL]，5月14日。 http://szfc.chinareports.org.cn/mlxz/2020/0514/5061.html.

周俊，2018，《黄鹤楼童话故事——一个产生实效的讲好"中国城市故事"的创新模式》[M]，上海：东方出版中心。

周俊、高铭远，2021，中华传统文化国际传播策略创新——从"黄鹤楼"与"高山流水"德文故事说起[A]，胡正荣等编，《中国国际传播发展研究》[C]，91-104，社会科学文献出版社。

周俊，2023，如何向德国读者讲述黄鹤楼故事？[EB/OL]，1月5日。https://www.chinanews.com. cn/dxw/2023/01-05/9928415.shtml.

作者简介：

周俊，德国明斯特中国研究中心主任。研究方向：中德城市管理对比研究、城市（企业）文化和品牌的国际创新传播。邮箱：junzhou66@hotmail.com。

（责任编辑：刘杨）

中国媒体奥运报道中的国家形象研究

——以2008年北京夏季奥运会和2022年北京冬季奥运会为例

王品媛　蒋欣然　刘立华

摘要： 运用语料库辅助的三维话语分析法，以《中国日报》对2008年和2022年奥运会的报道为研究对象，自建语料库，从文本分析、话语实践和社会实践层面出发，分析两次奥运会视角下《中国日报》所建构的中国形象异同及原因。研究发现：中国媒体在两次奥运会报道中均建构出重视体育、客观真实和以人为本的国家形象。两个时期形象的差异则主要体现在经济、环保、外交、文化方面。探讨奥运报道对中国国家形象的建构方式有助于为中国国家形象建构提供有益启示。

关键词： 批评话语分析；奥运会；国家形象；《中国日报》

1 引言

国家形象是一个国家对自己的认知以及国际体系中其他主体对其认知的结合，是一系列信息输入和输出产生的结果，是一个"结构十分明确的信息资本"（Boulding 1959）。它作为一个认知综合体被认为是国家"软实力"的重要组成部分之一，体现着国家的综合实力和影响力。国家形象主要通过国际传播来塑造，因此新闻媒体作为大众传播媒介在塑造国家形象中发挥着举足轻重的作用。奥运会作为国际社会最为关注的体育盛会之一，其在全球的影响力早已不只局限于体育范畴，还作用于国际政治、经济、文化、社会等领域，对于提升主办国的国际影响力也有着重要作用（刘江永 2008）。2008年，第29届夏季奥林匹克运动会在中国举办，2022年中国又承办了第24届冬季奥林匹克运动会。中国由此成为全球第九个"双奥之国"，两届奥运会的主办城市北京也成为世界首座"双奥之城"。双奥间隔十四年，它们不仅见证了十四年间国际形势的风云变幻，也记录了中国的变迁与发展。

当前，世界百年未有之大变局加速演进，世界已进入动荡变革期，我国发展也进入战略机遇和风险挑战并存、不确定难预料因素增多的时期。在此背景下，对中国国家形象问题进行研究有助于我国媒体传播好中国声音，塑造国家良好形象。因此，本文对中国媒体在两次奥运报道中所塑造的国家形象进行对比分析，在总结两个阶段中国国家形象及其异同的同时，也试图探究其形象变化的原因，以全面把握不同历史背景下的中国国家形象建构问题。

2　文献综述

话语分析旨在探究社会现实和语言之间的互动关系。一方面，社会现实影响话语使用，社会现实中的意识形态及权力关系等都会对人们语言的选择和使用产生影响，而媒体正是这种影响发挥作用的一个重要传导途径。另一方面，媒体通过报道塑造人们对于社会现实的认知。媒体通过报道构建出一个拟态环境，受众需通过经媒体选择和加工后的拟态环境来了解现实、形成认知（李普曼 2018）。由此可见，媒体在社会现实与语言的双向互动中发挥着重要作用。尤其是在意识形态的创造和传播中，媒体更是起着关键作用（Gitlin 1980）。

在基于话语分析的中国国家形象的研究中，新闻媒体如何呈现和建构国家形象一直是研究热点。从报道主体出发，现有研究主要可分为两大类：外国媒体建构的中国形象研究和中国媒体建构的本国形象研究。

在研究外国媒体建构中国国家形象时，国内学者多从外媒涉华报道入手，通过分析新闻话语来解读报道背后的国家形象和意识形态（徐明华、王中宇 2016；杨巧燕 2020）。此类研究多依据特定时段的外媒涉华报道自建语料库，采用话语分析、文本分析、语料库语言学等方法，对外媒在特定时期建构的中国形象进行总结。

在研究中国媒体建构的本国形象时，国内学者则多以文学作品、纪录片、中国特色政论性文章等为研究对象，较少关注媒体报道。且从研究领域来看，中国形象研究多集中于传播学领域，在语言学领域基于话语分析的中国国家形象研究相对较少。国内语言学研究者多基于新闻报道框架提炼出报道中呈现的中国形象（王瑞林、毛彦心 2018；赵艺扬 2018；谭静、周云倩 2022）。但是目前在研究中，奥运会这一主题尚未受到学者重视。

此外，还有部分学者将外国媒体和中国媒体就同一事件报道所建构的中国形象进行对比，以期找出国内外媒体报道差异，例如，郭继荣和王馨苑（2021）、黎在敏和赵斌（2020）、薛可和栾萌飞（2017）就根据《中国日报》和《纽约时报》的相关报道，分别对中国武术形象和上海城市形象进行了研究。

本文采用中国媒体建构的本国形象的研究视角，选取《中国日报》中对中国主办的两次奥运会的相关报道，基于语料库和费尔克劳提出的批评话语分析三维框架，从自塑的角度出发对新闻报道中呈现的中国形象进行对比分析，意在较为全面地把握奥运会议题下呈现出的中国形象。

3 研究设计

3.1 研究语料

《中国日报》作为中国国家英文日报，是中国感知世界、世界了解中国的重要窗口。本研究依托《中国日报》官网，以标题含有Olympic Games作为检索标准，检索并下载2008年夏季奥运会开幕至闭幕（2008年8月8日至8月24日）和2022年冬季奥运会开幕至闭幕（2022年2月4日至2月20日）两个时间段内的报道作为研究语料。将《中国日报》2008年奥运会报道记为C1库，2022年奥运会报道记为C2库。

由于两个语料库规模差距较大，故采用随机抽样的方法对上述语料库分别进行随机抽样，建成C08库、C22库两个语料库（分别是C1库和C2库的对应抽样版本）。其中，C08库共含151 980词，C22库共含150 616词。C08和C22两个语料库收集标准统一、大小接近，具有可比性。

3.2 研究问题

本研究旨在回答以下问题。（1）在2008年北京夏季奥运会的报道中，中国媒体塑造了什么样的中国国家形象？（2）在2022年北京冬季奥运会的报道中，中国媒体塑造了什么样的中国国家形象？（3）中国媒体在两次奥运会报道中塑造的中国形象有何差异？出现这些差异的原因是什么？

3.3 理论框架

本文采用的是语料库辅助的批评话语分析方法。批评话语分析关注话语事件和社会政治、文化因素之间的关系。本文选择的是费尔克劳基于话语三维概念提出的三维话语分析法。

费尔克劳把话语视为由"语境""互动"和"文本"三个维度构成的统一体，创建了被称为"作为文本、互动和语境的话语"三维模式（Fairclough 1989）。随后，他又进一步完善了该模式，对术语进行了修改，将话语视为"文本、话语实践和社会实践的统一体"（Fairclough 1992）。在三维模式的基础上，费尔克劳又提出了批评话语分析的三个步骤，即三维话语分析法：第一，描写，即对话语进行语篇的语

言学描述；第二，阐释，即联系语言特征与社会惯例之间的关系对语篇的生成过程
做出阐释；第三，解释，即联系相关的社会历史语境对语言和意识形态之间的辩证
关系加以说明（Fairclough 1989）。本研究意在从微观话语层面解构中国主流媒体有
关两次奥运会报道的具体建构结果，并在宏观社会层面对该形象建构动因做出
解释。

3.4 研究步骤

本研究基于三维话语分析模型，从文本、话语实践和社会实践层面分别对C08
库和C22库两个语料库展开分析。首先，就文本层面而言，运用语料处理软件
AntConc4.1.4.0以China和Chinese为检索词，跨距设置为左右各四个词，得到主题
词的共现词和高频搭配以揭示两次报道的主要关注点，继而总结两次奥运报道所建
构的中国形象。其次，在话语实践层面，本研究从议程设置和引用方式两个角度入
手，探究《中国日报》作为话语生产者的意图。最后，从社会实践层面出发，分析
该报刊报道中隐藏的社会属性，以期对其建构的特定形象做出解释。

4 结果与分析

本节主要以C08库和C22库为研究对象，遵循费尔克劳三维话语分析框架，从
文本、话语实践、社会实践三个方面对《中国日报》在两次奥运会报道中建构的中
国形象进行分析。

搭配指"一个文本内的两个或多个词语在彼此段距离内出现"（Sinclair 1991），
而分析搭配特征能帮助我们了解新闻语篇中某特定词处于怎样的搭配结构中，又建
构出怎样的国家形象。因此文本分析主要从主题词的搭配特征入手，分析China和
Chinese的相关搭配。分析工具选用语料库检索工具AntConc4.1.4.0，该工具能直观
显示某一特定词的搭配词分布及其出现频次。

话语实践分析主要是从议程设置和转述方式出发。通过议程设置，媒体赋予各
个新闻话题不同的关注度，同时通过"属性议程设置"，即凸显、淡化、隐匿不同
显著性的"新闻视角"，来干预公众认知，引导舆论走向（黄蔷 2021）。而转述方式
则是判断媒体在进行新闻报道时个人情感参与度的标准之一，本文分析主要涉及直
接引语和间接引语。

社会实践分析则主要从社会实践属性出发，对《中国日报》2008年及2022年奥
运会报道建构中国国家形象的具体结果做出解释。

4.1 《中国日报》2008年奥运会报道建构的中国形象

4.1.1 文本分析

经检索发现，China和Chinese在C08库中的常见显著搭配结构主要有四类。在剔除无实意虚词后，笔者将四类显著搭配按出现频次降序排列，选取每类搭配中频数位于前五的搭配词制成表1。

表1　C08库中China及Chinese搭配词

搭配结构	China's	China and +名词/名词+and China	China（主语）+ 动词	Chinese
搭配词（搭配词频）	first (32)	the United States / the U.S. (16)	win (32)	people (100)
	best (19)	world (8)	celebrate (31)	team (65)
	economic (15)	Japan (4)	compete (18)	Taipei (39)
	Olympic (12)	Chinese (4)	lose (11)	culture (32)
	top (10)	Beijing (3)	beat (9)	national (27)

C08库中，最常与China's搭配使用的是first，还原至新闻语篇，发现其中59.38%以China's first gold medal的词组形式出现，说明《中国日报》注重报道中国在奥运会中的各种突破性进展，尤其关注首次斩获金牌情况。显著性位于第二位和第五位的搭配词分别为best和top，结合文本可知，该搭配通常用于描述在某一运动项目中表现突出的中国运动员，这表明《中国日报》关注参与奥运会的具体运动员，尤其是有望获得奖牌的杰出运动员，如例[1]。而China's另一高频搭配词economic则主要与growth和development共同出现来说明中国近年来经济实力的增长。Olympic是显著性位于第四位的搭配词，在新闻语篇中多与dream和success搭配，用以表达中国奥运梦的实现和此次由中国主办的奥运会取得的圆满成功。

例[1]: Liu was **China's best** hope of an athletics gold medal at the Beijing Games.

对C08库中"China and +名词/ 名词+and China"的搭配形式进行分析则有如下发现：这一搭配结构的显著搭配词主要是国名和地区名。结合报道可知，《中国日报》不仅关注中国和这些国家在奥运会上的比赛竞争情况，同时也肯定了奥运会对世界各国进一步了解中国起到的促进作用，如例[2]所示。搭配频次位于第四位和第五位的Chinese和Beijing则表明，中国媒体报道还聚焦中国文化、中国人民和奥运会举办城市北京，意在以奥运会为契机向世界展示中国文化风采，如例 [3] 所示。

例 [2]：It'll provide a chance for **China and the rest of the world** to understand each other.

例 [3]：**China and Chinese** people have worked hard to be a perfect host and they will do their best.

搭配结构"China（主语）+ 动词"中，搭配词 win、celebrate 和 beat 在新闻语篇中主要用于表示中国代表队在奥运会上斩获奖牌，为祖国赢得胜利，如例 [4]，而 compete 则描述了运动员在比赛项目中的突出表现。将显著性排名第四的 lose 还原至新闻语篇中可知，该词多出现于报道中国运动员在奥运会中失利的语境中，这说明《中国日报》并不回避中国在赛事上的表现不佳，能相对客观真实地报道赛事情况。

例 [4]：**China won** the women's gymnastics team gold medal at the Beijing Olympic Games in Beijing on Wednesday.

在 C08 库的 Chinese 相关搭配词中，people 一词高居首位，表明《中国日报》对中国人民在奥运会期间的感受和体验予以高度关注，体现了中国"以人为本"的基本思想。team 指中国代表队，而 national 主要和 flag 连用，用以描述在颁奖仪式上升起中国国旗，这两个搭配词表明《中国日报》关注中国代表队在奥运会上的表现。而 culture 成为高频词汇再一次佐证了本次奥运会也帮助世界了解中国文化。

综上所述，《中国日报》在 2008 年奥运会相关报道中对中国国家形象的建构不仅聚焦中国代表队和运动员在奥运会的表现，而且也关注中国的外交、文化、经济等方面的表现，塑造出进步、开放和以人为本的中国形象。

4.1.2 话语实践

基于文本分析可知，《中国日报》在 2008 年奥运会报道中所设置的议程不仅包括中国代表队和运动员在奥运会上的表现，还包括中国奥运梦、中国文化精神、中国经济硬实力、中国"以人为本"思想等话题。总体而言，以正面议题为主，主题涵盖范围广，从多角度、多方面向世界展现中国形象。

另外，以 said 和 told 为检索词检索报道中对他人话语的转述句发现，C08 库中有 1 079 条转述句，人工标注和筛查后可知，其中直接引用有 864 条，占比 80.07%。可见《中国日报》在建构中国国家形象时，并未加入过多个人主观情感干预，而是保留原话形式，让说话者的声音直接出现，较为客观地向世界展示真实的中国形象。

4.1.3 社会实践

2008年奥运会是中国首次承办的奥运会，对中国而言意义非凡。本次奥运会不仅圆了中国的百年奥运梦，而且也是中国变得更加自信和开放，进一步登上国际大舞台的重大转折点。

《中国日报》作为中国主要文化宣传阵地之一，抓住2008年北京奥运会的机会，在报道中国代表队和运动员在奥运会上精彩表现的同时，也注重向世界展示中国在近些年来的发展和改变，将奥运会作为窗口，向世界展示中国改革开放以来的伟大成就、显示中国特色社会主义制度的优越性，以期让世界更加了解中国。

总体而言，《中国日报》建构了开放、进步、以人为本的中国国家形象，目的是展示中国风采、传播中国文化、提升中国国际声望，以助力中国走向国际舞台。

4.2 《中国日报》2022年奥运会报道建构的中国形象

4.2.1 文本分析

C22库中四类结构的搭配词及其频数如表2所示。

表2　C22库中China及Chinese搭配词

搭配结构	China's	China and + 名词 / 名词 + and China	China（主语）+ 动词	Chinese
搭配词（搭配词频）	Hebei province (34)	Russia (15)	win (15)	people (106)
	first (30)	the United States / the U.S. (18)	compete (9)	athlete (64)
	Gu Ailing (14)	the EU (11)	take (7)	president (45)
	ice and snow (11)	the (rest of the) world (9)	perform (6)	(Lunar) New Year (37)
	commitment (8)	Argentina (9)	stand (6)	culture (27)

对C22库中China's的常用搭配进行分析可知，在2022年北京冬奥会的相关报道中，《中国日报》主要聚焦奥运会赛事相关情况及中国办奥过程中为环保事业做出的努力和贡献。最常与China's构成词组的是Hebei province。河北省张家口赛区是北京2022年冬奥会设立的三大赛区之一，因此，该词主要出现在对雪上运动项目的相关报道中以说明比赛地点。排在第二位的搭配词是first，在该语境下最高频

的共现词是gold，由此可见《中国日报》尤其关注中国运动员在各领域取得的突破和成绩。中国自由式滑雪运动员Gu Ailing在该搭配中出现14次，与此类似的"China's+运动员姓名"的搭配形式在C22库中共出现37次，其中包括Su Yiming, Ren Ziwei等多名中国队运动员，说明《中国日报》相关报道中常常聚焦本国参赛运动员的表现。位于第四位的ice and snow常与economy和economic development搭配使用，如例[5]，可见中国媒体十分关注冬奥会在带动中国国内冰雪产业经济发展方面的作用。与处于第五位的commitment一词共现的高频词是environmental protection、carbon emission等与环保主题相关的词汇，如例[6]。该类词的高频出现体现了中国"绿色办奥"的理念，也展现中国在节能减排、环境保护方面的积极态度和实践成果，塑造了我国践行人类命运共同体理念的负责任大国形象。

例[5]：Driven by the Beijing 2022 Winter Olympics, the chain growth rate exceeded 34 percent in 2021, and the development of **China's ice and snow economy** is expected to maintain a chain growth rate of nearly 30 percent in 2022, the report said.

例[6]："The Beijing Winter Olympics is the first Olympic Games driven entirely by green energy. It demonstrates **China's commitment** to environmental protection and its effort to pursue green and low-carbon growth," Zhang said.

对C22库中China and +名词/名词+and China结构的搭配词进行检索，发现该结构中多出现国家和地区名称，用于说明在外国领导人出席冬奥会及中国外交活动的相关情况。扩展语境后可知，与该结构共同出现的高频词是cooperation和partnership，说明《中国日报》关注外国与中国的友好互动，并在报道中多次强调友好合作与互利共赢。

China做主语时，常与动词win，compete，perform连用，表示中国运动员参赛和获奖情况。take最常出现在词组take part in中，表明中国积极参与奥林匹克运动和国际事务。stand最常在动词词组stand ready to do something.中，用以说明中国希望与其他国家和地区密切合作的态度，如例[7]。由此树立了中国不断提升综合实力、积极参与国际事务的形象。

例[7]：China **stands ready to** closely cooperate with the UN to jointly advance the work.

"Chinese+名词"是C22库中出现频率最高的搭配类型。《中国日报》在报道中重点关注到people，athletes和president这三个主体及其互动关系：people一词最常与passion共现，用于说明中国人民对冰雪运动的热情。而president则和people共同出现频率较高，结合语境可知，people常作为国家主席习近平的讲话内容出现，由此体现出中国国家主席关心人民，以人为本的形象。与athletes共现的高频词是compete，win和applause，值得注意的是喝彩实际是来自人民的，体现出中国民众对于奥运会和运动员的支持。此外，2022年冬奥会召开期间恰逢中国农历新年，除Chinese (Lunar) New Year作为中国最重要的传统节日在报道中被反复提及外，报道也对其他中国文化有所介绍，如例[8]，这正是《中国日报》以奥运报道为契机弘扬中华传统文化的具体体现。综上所述，《中国日报》通过对春节和中国传统文化的介绍以及对我国人民、运动员和领导人的互动报道，塑造出中国文化繁荣，团结向上的国家形象。

例[8]：The State guests were offered a carefully choreographed showpiece of traditional **Chinese culture** and Winter Olympics.

4.2.2 话语实践

在中国作为2022年冬奥会主办国的大背景下，中国主流媒体将冬奥会相关情况设置为报道中的主要议程，并在此主题下突出报道运动员比赛结果和获奖情况以及奥运会办赛情况，体现出作为主办国的中国重视冬奥会的态度和保持奥运会纯洁属性、反对奥运会政治化的立场。对以冬奥会为契机进行的外事活动情况进行报道反映了中国开放与合作的态度。此外，对中国传统节日和传统文化的报道也展现了中国的文化自信。

就转述方式来看，以said和told为检索词搜索报道中对他人话语的转述，结果发现《中国日报》2022年北京冬奥会报道中共出现1 104次转述，其中直接引用676次，占比达到61.23%。这说明中国媒体更倾向于在报道中直接呈现报道对象的话语，体现出新闻的真实性和客观性。

4.2.3 社会实践

2022年北京冬奥会使全世界的目光再次聚焦到中国，虽然面临着新冠肺炎疫情和国际形势风云变化的挑战，但是中国以"共享、开放、廉洁"的办奥理念为指导，坚持生态优先、共同参与、面向未来、勤俭节约，最终成功举办这一国际性盛大体育赛事。这既体现出中国的制度优势和非凡能力，又表现了我国构建人类命运共同体的坚定决心。

《中国日报》作为中国官方对外宣传媒体，在2022年北京冬奥会的相关报道中塑造出中国综合实力不断提升、坚持互利共赢和开放合作、坚持节能减排和环境保护、文化繁荣和团结向上的负责任大国形象。这有利于弘扬中华灿烂文明和优秀文化，振奋民族精神，展示大国实力和精神风貌，增强民族凝聚力和自豪感。

5 对比与讨论

2008年北京奥运会和2022年北京冬奥会间隔十四年。这十四年间，中国在政治、经济、文化等方面都有了长足进步，但比较不同时期的奥运会报道可发现，两次奥运会报道中仍存在着某些共有的关注点。首先，《中国日报》在报道两次奥运会时，都对中国运动员比赛情况，尤其是首次斩获金牌的情况予以关注，C08和C22语料库中China's first gold这一组合的高频出现佐证了这一点。这表明中国运动员在奥运会各项目中实现的新突破一直是媒体关注的重点，《中国日报》有意突出中国"体育大国"的形象。其次，两次奥运会报道都多次涉及中国人民的感受和体验，不论是Chinese people在C08库中的高频出现，还是C22库中people一词常作为讲话内容都证明了这一点。这也与中国"以人为本"的基本思想相关，无论时代如何发展变化，人民都始终是国家的根本所在。最后，《中国日报》在报道两次奥运会时所选择的转述方式都是以直接引用为主，说明其始终尽可能客观真实地向世界呈现中国形象。

《中国日报》在报道两次奥运会时关注的重点也有不同，而这些差异正体现了中国在对应领域的发展和变化。

首先，两次奥运会见证了中国的经济发展。2008年适逢中国改革开放30周年，改革开放以来中国国民经济保持快速增长，经济总量跃居世界第四，经济社会发展取得显著成效，因此中国欲以2008年奥运会为契机向世界展示大国崛起的风采，证明中国已今非昔比。这一点也体现在2008年奥运会的相关报道中：《中国日报》突出展现的是中国在举办奥运会之前经济的增长情况，注重借奥运会向世界展现中国改革开放以来取得的进步和成就。而2022年中国已稳居全球第二大经济体，对世界经济增长的贡献率超过G7国家贡献率的总和，是推动世界经济增长的第一动力；且在全球经济都受到新冠肺炎疫情重创之际，中国经济仍能保持增长，持续引领全球经济复苏。中国的经济地位和对全球经济的贡献有目共睹。此时的中国已不再急于证明自身实力，它行稳致远，在世界舞台上表现得更加自信从容。因此在2022年奥运会的相关报道中，《中国日报》的报道重心由向外界展示转变为注重自身发展，更关注奥运会的举办对中国冰雪产业经济发展方面的带动作用，看重奥运会给中国自身带来的经济效益。

其次，两次奥运会展现了中国在环保事业上的努力和进步。2008年，在筹备和举办奥运会时，中国就提出了"绿色奥运"的理念，但当时工作重点仅在奥运会筹办期间对主办地北京的城市环境改善上。而且对当时的中国而言，办奥最重要的意义在于实现"百年奥运梦"，因此，《中国日报》在报道2008年奥运会时主要关注的是中国成功申奥和首次办奥，重点提到"奥运梦""圆梦"等话题，对于环保话题关注不多。而2022年北京冬奥会则将"绿色、共享、开放、廉洁"的办奥理念更全面地贯彻于筹备和举办奥运会的全过程中，采用绿色场馆、绿色能源、绿色出行等措施全方位答好环保答卷。相应地，环境保护成为奥运相关报道中的重要话题，《中国日报》在报道2022年奥运会时也把重点放在了绿色和环保上，通过报道展现中国在节能减排、环境保护方面的积极态度和实践成果。这一转变明显折射出十四年间中国保护生态环境的意识不断深化，中国不仅切实将"碳达峰"和"碳中和"纳入了本国生态文明建设整体布局中，而且作为负责任的大国也为世界共同应对气候变化和构建人类命运共同体积极贡献着中国智慧。

再次，两次奥运会见证了中国外交的日趋成熟。《中国日报》在两次奥运会的相关报道中均多次提及中国与世界其他国家和地区的互动，但对比发现其中涉及的中外互动关系发生了明显转变。2008年奥运会相关报道中，中国与世界各国呈现出"主人-客人"的关系。这是由于此时的中国仍是国际舞台上的新面孔，在中国首次作为东道主举办奥运会的大背景下，中国以热情好客的态度迎接全世界的客人，用细数家珍的方式希望让世界全面了解中国。而随着中国更加积极地参与国际事务，活跃在世界舞台，中国已经成为世界政治力量对比中不可忽视的一极。因此，十四年后中国在以开放态度与世界各国和地区开展友好互动的基础上，更加注重平等合作与互利共赢。《中国日报》在报道2022年冬奥会时也更强调中国与世界各国是平等合作的关系，这一变化背后体现出的是中国公共外交政策的日趋成熟。十四年间，不变的是中国开放合作的态度，改变的是中国更加自信的态度和中国与世界更加平等的站位。

最后，两次奥运会见证了中国走向文化自信。《中国日报》在两次奥运报道中均突出了中华文化这一主题，可见奥运会一直以来都是传播本国文化、提高国际影响力的重要契机。但是在2008年北京奥运会相关报道中"文化"只是作为一个宽泛而抽象的概念出现，而2022年北京冬季奥运会相关报道中"文化"的概念则化作现代中国人的理念、做法和生活方式等具象表现，以更加生动具体的方式被呈现和介绍。2008年中国在奥运会开幕式上安排的演出华丽恢宏，不仅向世界展示了华夏五千年的灿烂文化，也体现了大国崛起的气势。而2022年冬奥会开幕式则更注重"科技创新、低碳环保"，重点不仅在宣扬中国古代优秀传统文化，也注重表现现代中国人的精气神，还加入了众多表现人类共同理念的元素。这表现出十四年来，中国的文化逐渐走向自信，中国正以开放包容的姿态和高度的文化自信推动中华文化更好地走向世界。

6 结语

本文采用语料库辅助的三维话语分析法，以《中国日报》中有关2008年和2022年两次奥运会的报道为研究对象，从文本分析、话语实践和社会实践三方面分别研究了该媒体在两个不同时期所建构的中国国家形象，并对形象变化的原因予以分析。

研究发现，《中国日报》在两次奥运报道中存在一些共同点：关注中国在体育赛事上的新突破；注重报道中国人民群众的体验和感受；尽可能客观真实地呈现中国形象。这几个共同点突出了中国一贯重视体育和追求客观真实的形象，也体现出中国始终坚持"以人为本"的理念。

另外，《中国日报》在两次奥运报道中塑造的中国形象也存在明显差异，而这些差异也反映了中国在十四年间相应的变化和发展。首先，两次奥运会见证了中国的经济发展：2008年中国迫切地想向世界证明自己的实力，而2022年中国则更加注重奥运会给自身经济发展注入的新活力。其次，两次奥运会体现了中国在环保事业上的努力和进步：2008年中国的"绿色奥运"理念并未成为报道的重要话题，而2022年北京冬奥会则将"绿色、共享、开放、廉洁"的办奥理念更全面地贯彻于办奥全过程，《中国日报》也在报道中重点展现中国在环境保护方面的态度和成果。再次，两次奥运会见证了中国外交的日趋成熟：2008年中国作为国际舞台上的新面孔热切欢迎世界各国来了解中国，而2022年中国在以开放态度与世界各个国家和地区开展友好互动的基础上，更加注重平等合作与互利共赢。最后，两次奥运会见证了中国的文化走向自信：2008年夏季奥运会相关报道中"文化"只是作为一个宽泛而抽象的概念出现，而2022年冬季奥运会相关报道中"文化"的概念则以传统节日春节为切入点，更加生动具体地被呈现出来。从《中国日报》对两次奥运会的相关报道中，我们可以明显看到中国在十四年间的发展和进步，不论是在经济和文化，还是外交和环保方面，中国都呈现出更自信、更成熟的负责任大国形象。

参考文献：

Boulding, K. E. 1959. National images and international systems [J]. *Journal of Conflict Resolution* (2): 120-131.

Fairclough, N. 1989. *Language and Power* [M]. London and New York: Longman.

Fairclough, N. 1992. *Discourse and Social Change* [M]. Cambridge: Polity Press.

Gitlin, T. 1980. *The Whole World Is Watching: Mass Media in the Making and Unmaking of the New Left* [M]. Berkeley: University of California Press.

Sinclair, J. 1991. *Corpus, Concordance, Collocation* [M]. Oxford: Oxford University Press.

郭继荣、王馨苑，2021，中西方主流媒体对中国民族问题的话语建构——以《纽约时报》和《中国日报》为例 [J]，《情报杂志》（12）：120-126。

黄蔷，2021，美国主流媒体对中国形象的话语偏见——以"新冠疫情"报道为例 [J]，《外国语文》（4）：85-96。

黎在敏、赵斌，2020，中美报纸的中国武术形象表达异同研究——以《中国日报》和《纽约时报》为例 [J]，《体育学研究》（6）：86-94。

李普曼，2018，《舆论》[M]，常江、肖寒译，北京：北京大学出版社。

刘江永，2008，奥运会对东北亚国家的影响——以北京奥运会为中心 [J]，《东北亚论坛》（5）：25-31+129。

谭静、周云倩，2022，新时代脱贫攻坚的报道框架与中国国家形象呈现——以《人民日报》（海外版）为例 [J]，《传媒论坛》（19）：19-23。

王瑞林、毛彦心，2018，《人民日报》（海外版）国家形象建构研究——以"一带一路"国际合作高峰论坛为例 [J]，《传媒》（17）：33-36。

徐明华、王中字，2016，西方媒介话语中中国形象的"变"与"不变"——以《纽约时报》十年涉华报道为例 [J]，《现代传播（中国传媒大学学报）》（12）：56-61。

薛可、栾萌飞，2017，中美新闻框架下的上海形象建构——基于《纽约时报》与《中国日报》的对比研究（2007-2016）[J]，《新闻记者》（3）：63-70。

杨巧燕，2020，话语视角下的中国国家形象探析——以《纽约时报》为例 [J]，《世界经济与政治论坛》（5）：30-56。

赵艺扬，2018，框架理论视域下《人民日报·海外版》中国国家形象建构研究——以2013—2017年"一带一路"报道为例 [J]，《云南社会科学》（5）：160-165+188。

作者简介：

王品媛，北京航空航天大学外国语学院硕士研究生。研究方向：语言文化学、文学。邮箱：w17791641862@163.com。

蒋欣然，北京航空航天大学外国语学院硕士研究生。研究方向：语言学。邮箱：xinran_jiang@126.com。

刘立华，北京航空航天大学外国语学院教授，博士生导师。研究方向：话语与跨文化传播。邮箱：llihua08@163.com。

（责任编辑：王强）

中国书法术语英译与中国文化

雷　莹　赵友斌

摘要： 文章探讨了中国书法术语翻译中出现的问题以及英译时应考虑的历史、社会和伦理等因素，这些因素或直接或间接地影响到书法字体、书写技巧、书写工具、书法作品等内容的英译。翻译时若忽略了这些中国文化因素，可能会导致无法传达原作内涵甚至会造成一定的误解。本文还针对中国书法术语英译提出了一些改进性建议。

关键词： 中国书法；术语；翻译：文化因素

中国书法集中了中华精神及文化元素于一体，反映了中华民族的文化与历史，具有艺术与文化的双重属性（Hue 2010：18），2009年被联合国教科文组织列入《非物质文化遗产名录》。几个世纪以来，中国书法一直被认为是东方最高的艺术形式之一，但直到19世纪才得到西方的广泛欣赏。在中国书法艺术的国际传播中，翻译起到至关重要的作用。然而，目前大多数书法术语很难找到对应的英文翻译，或部分英译遗漏了作品的文化内涵，给读者鉴赏带来了一定的困难。尤金·奈达（2001）强调，在翻译中，导致交流效率低下的主要原因不是词汇选择，而是对词汇文化背景的误解。鉴赏中国书法不仅要理解书法作品，还要了解作品传达的文化内涵。

随着中国书法的日益国际性以及人们不断增长的书法兴趣，本文旨在探讨中国书法术语中蕴含的文化因素给译者带来的挑战，包括历史、社会和伦理因素对书法字体、书写风格、书写工具和名作内容等书法术语英译的影响。

1　历史因素

作为一种充满历史意义的文化符号，中国书法字体形式上主要包括篆书、隶书、楷书、行书、草书等类型，这些字体勾勒出中国书法的历史与文化传统。然而，由于中国书法的复杂性，译者在英译时需要熟悉书法含义、语言内涵、作品价值观及东西方文化差异等。

就书法字体来说，篆书（seal script）是中国最早的书法，出现在商朝（公元前16—11世纪）的甲骨文中，根据使用时期的不同分为大篆（big/large seal）和小篆（lesser/small seal）。大篆起源于西周时期，其字形与物体形状类似。小篆又称秦篆，是大篆的简化体，有统一的书写形式，更接近于现代汉字。英译时，译者普遍将其译为big seal和lesser seal，这容易让读者误解二者差异的真正原因。事实上，从大小上来说，由于笔画不同，小篆尺寸往往略大于大篆。seal也并未传达出篆书演变的细微差别及导致其演变的历史因素（杨晓波2009：34）。由于书法术语的文化特殊性及新语境下的空间有限性，书法术语并不存在完美的翻译，某些文化术语具有不可译性。大众普遍接受的翻译可以帮助读者理解中国书法的形式，但无法促进其交流与传播（Song 2019：777）。

隶书（official script）在英语中常被理解为"官方文件使用的文字"，这是对中国历史的曲解。在中国书法中，隶书不仅指日常文书或行政事务中使用的文字，也指隶书改进后的书写风格及其对篆书的补充作用。据《新世纪英汉大词典》记载，隶书是篆书的简化形式，在秦代公文中对篆书起补充作用，"隶"即"附属"之意。秦国征服六国，秦朝建立后产生了大量文件，篆书由于书写复杂逐渐向隶书转变。据《说文解字》（1963：序）记载，隶书源于一个叫程邈的人，他因得罪秦始皇被囚禁。在狱中，他修改了篆书，增加或减少了汉字的笔画数量，使字形更方，边缘更圆。秦始皇得知后非常高兴，任命其为御史（属于"隶"），监督并规范汉字，促进了隶书在民间的普及。因此，"隶"既有"官方文书"的意思，也有"官吏、附属"之意。

楷书（regular script）是中国人使用最广泛的字体，因其横平竖直受到人们的广泛喜爱，其变体也被视为书写标准，用于日常书写甚至考试中。"楷"意为"模范的"或"最受欢迎的"，而英语翻译"regular"指的是"规则的"或"重复的"，并未传达深层的文化内涵。

行书（running script）和草书（cursive script）是多数书法家的首选字体，也是中国历史上模仿最多的书体。行书演变的初始目的是实现快速书写，因而被译为running script。而在汉语中，"行"除了"走或跑"之外，还有"美妙""流动"或"旅行"的意思。因此，行书不仅指书写速度快，也指其独树一帜、连笔、飘逸的特点。

草书源于汉代，由隶书演变而来。早期的草书字体优雅，与汉隶糅合在一起。书写者在记录公文及讲话时不断简化隶书的笔画和结构，以提高书写效率。如今，草书已发展成为一门艺术，其审美价值远大于实用价值。在书法字体中，"草"指"杂乱、难以辨认的文字"。而"cursive"是指"字母连在一起的、圆润流畅的书写形式"（《朗文当代英语词典》2005：460），译文虽反映了草书的部分特征，但未能表达"连续、杂乱、生命力顽强"的含义。

总的来说，每种书法字体都是特定历史时代的产物，具有特定的政治、社会和文化制度特色（Taylor 2020：39）。独有的笔法和结构突显了书写者的时代、阶级和职业特点。在书法术语翻译中，译者通常采用直译和音译两种策略。大多数西方作品都采用直译或直译加注的方式，例如，"行书"被译为"running script"，"隶书"被译为"official script"等。音译或音译加注、加图片的策略多用在翻译某些与书法风格相关的术语、作品名称或标题上。许多译者在翻译特定书写风格时，多用汉语拼音的译法，如"Jingshengshu"（"经生书"的直译）反映了唐宋宗教与文化的关系。有些译者在译文中插入图片，这在一定程度上克服了某些术语的不可译性（Song 2019：784）。

2 社会因素

翻译是不同文化之间的交流。中国书法术语的产生与特定时代的社会环境密切相关，具有非常具体的中国文化内涵，与其字面意义有较大差异，很难找到完全对应的英语词汇。这就要求书法术语翻译既要考虑历史因素，还要考虑社会文化因素。

中国书法发展的不同时期，人们的书写风格迥然不同，这与书法家的创作思想、使用的书法技巧等密切相关，如汉代以前的文字具有原始质朴美；汉唐时期书法与艺术形象相结合；唐代书写风格丰富多样，如欧体、颜体、柳体等。此外，相同字体在不同书法家笔下也会表现出完全不同的风格。翻译此类术语时，译者多采用图片加注的翻译策略，它可以更直观、生动地解释术语含义、表现各自的差异、书写特点及风格等。

中国书法史上，大多数作品内容与其社会背景息息相关，如"天下三大行书"。第一行书《兰亭集序》产生在晋朝（公元355年），当时社会动荡不安，自然平衡遭到破坏，人们不得不重新考虑人与自然的关系。著名书法家王羲之与其他文人墨客会聚兰亭（今浙江省绍兴市），作诗唱和，抒发情感。后将这些赋诗汇编成集，王羲之为其写下序文，即《兰亭集序》。这篇序言被后世称为"中国书法第一行书"（Giles 1932：26）。《兰亭集序》结构规范有序，气韵生动，体现了节制官吏、追求自由的思想。第二行书《祭侄文稿》是颜真卿为纪念侄子而写。唐朝安史之乱中，颜真卿的侄子、兄长以及颜家三十多人先后被叛军所杀。一年后，叛乱被镇压，其侄子的头颅被发现。面对亲人遗骨，颜真卿悲痛欲绝，写下了《祭侄文稿》。手稿有许多改动，部分字迹甚至难以辨认，但读者可以感受到作品背后难以抑制的悲愤。第三行书《寒食帖》是苏轼流亡黄州时所写。他用不同的行距及书写力度表达了情感变化，哀叹其悲苦人生。

正如朱莉安·霍斯（2006：343）所说，在书法术语翻译中，原语不仅被赋予新的形态，而且被置于新的语境中，作品交流及读者期望等都被赋予了新的价值。评论者通常将三大行书的书写风格描述为"一气呵成"，但在《兰亭集序》中，"一气呵成"指情志上的淡雅、自然、奔放，而《祭侄文稿》中的"一气呵成"展现的则是作者难以抑制的悲愤情绪。译者翻译时需要考虑这些特定的文化语境，如果只关注字面含义而忽略了作品的创作背景、书法家的创作情感、所处的社会环境以及文化差异等，就无法帮助读者对作品进行深层解读和交流。因此，对于三大行书的翻译，只有考虑到作品与社会情境之间的关系，才能捕捉到书法作品的真正内涵。

3 伦理因素

每个社会都有特定的伦理价值，中国书法术语的形成与中国哲学密不可分。中国传统哲学由儒、道、佛三派组成。儒家推崇仁义礼教，道家强调顺应自然，佛家注重修身养性，这些都体现在中国书法中。

书法术语翻译受到伦理价值观的影响。在英译中，许多译者翻译出语言内容，却忽略了特定的伦理因素。例如，有些译者将"毛笔"译为"brush"（Barnhart 1972：230），有些译为"maobi"，这些译法忽略了毛笔的文化内涵，容易给读者造成困惑。在中国书法中，毛笔由笔管和笔头组成，笔管多用竹子制成，象征刚正不阿、气节、平安等，笔头由软毛集合而成，体现出"和"的思想。人们书写时尽量不让笔头散开，字体的粗细取决于毛笔的握法。正如中国俗语所说："用笔之道便是做人之道。"因此，"毛笔"的翻译需要体现出中国传统文化特色，如"Chinese brush"或"Chinese maobi"。

中国传统书法美学集真、善、美三位于一体，以表现书法家丰富的精神理想和伦理道德。美国得克萨斯大学顾明东教授（2016：95）称，中国美学的一个显著特征是道德与奉献。中国人偏爱楷书，因为它反映了中国人的信仰和道德。在汉语中，"楷"意为"规范""规整""标准"或"模范"等。中国人历来强调道德规范，做人要正直，字体决定性格等。儒学中，楷书被赋予了"君子"的象征，方正、庄重、工整、大方，超越了书法本身的含义。译者在翻译中不仅要注意语言转换，还要注意术语所包含的伦理信息，符合原作的伦理维度。中国书法翻译是在西方艺术方法基础上的重组，稀释了中国文化的特殊性，翻译应该用英文重建中国书法文化，采用图文结合的手段传达中国书法蕴含的意义（Song 2019：783），帮助西方读者真正理解并欣赏中国书法。

4 建议

中国书法反映了中国历史、社会、伦理等文化因素。从传播学角度讲，书法术语翻译需要向目标受众传达中国书法的文化内涵，建立具有中国特色的书法话语体系，从而增强书法的交际效果（张晓2016：50）。为了使异语读者更好地理解中国书法，书法术语翻译可遵循以下三个原则。

4.1 独特性原则

中国书法体现了中华民族的共同心理特征，具有东方文化的独特性。随着国际文化交流的深入，书法翻译逐渐简化：以音译为基础的翻译已成为常态。一些具有独特文化内涵和属性的书法作品，翻译中会保持原有的风格、形式和特征，包括文字、书写风格、标题、中国古诗词等。例如，在谈到中国书法时，越来越多的西方读者可能会使用Chinese maobi而不是brush，用Chinese shufa而不是calligraphy。这些术语逐渐被引入并被接受，不仅让观众和读者更接近这种"异域风情"的视觉艺术，也会增加对中国书法独特性的欣赏（魏姝2015：84）。

4.2 文化性原则

文化性原则是指在跨文化交际中，传达原作的文化内涵至关重要。重要的文化背景、文化理念、民族精神等应准确、简洁地呈现，译者可采用简要加注或加图片的翻译策略，如在介绍颜真卿的《祭侄文稿》时，译者可以加注相关背景、作品表达的情感以及被高度认可的原因等信息。为了更有效地交流，译者须理解作品的文化背景、创作过程及其隐含的意义，并借助扎实的外语技能找到最接近的英语词汇来表达原作的创作思想及作品的深层含义。

4.3 简明性原则

中国书法术语传达了丰富的文化信息和内涵，这对译者来说是一个巨大的挑战，特别是在博物馆、展览中展出的书法作品，其文本描述需要针对不同观众采取特定的翻译策略。因此，使用简洁明了的表达方式、避免晦涩难懂的语言可以传达核心信息、适应特定读者。美国学者倪雅梅（McNair 1998）在《中正之笔——颜真卿书法与宋代文人政治》一书中，将中国书法笔画"奇绝"译为particularly unusual，将篆书书写风格的"匀净修长"译为virtually even，即整齐有序，是简明翻译的范例。

5 结束语

　　本文探讨了中国书法包括字体、书写风格、书写工具和名作内容等术语英译中的文化因素，展示了中国书法作为国际性文化艺术作品的复杂性和独特性。由于中西方历史、社会和伦理文化的差异，译者翻译时应遵循独特性、文化性和简明性原则，在传达信息的同时，可以将传统的翻译策略与其他策略相结合，如采用接受度较高的翻译，音译加注释、图形注释及表征，以及借用西方艺术的术语等手段，既保持了原作品信息和文本内涵，也传播了中国书法的独特文化特征，提高了中国文化的可见性。

参考文献：

Barnhart, R. 1972. Chinese calligraphy: The inner world of the brush [J]. *The Metropolitan Museum of Art Bulletin* 30(5): 230-241.

Giles, L. 1932. A famous piece of Chinese calligraphy [J]. *The British Museum Quarterly* 7(1): 26.

Gu, M. D. 2016. The ethical turn in aesthetic education: Early Chinese thinkers on music and arts [J]. *The Journal of Aesthetic Education* 50(1): 95-111.

House, J. 2006. Text and context in translation [J]. *Journal of Pragmatics* (38): 338-358.

McNair, A 1998. *The Upright Brush: Yan Zhenqing's Calligraphy and Song Literati Politics* [M]. Honolulu: University of Hawaii Press.

Nida, E. A. 2001. *Language and culture: Context in translating* [M]. Shanghai: Shanghai Foreign Language Education Press.

Pearson. 2005. *Longman Dictionary of Contemporary English* [M]. Beijing: Foreign Language Teaching and Research Press.

Song, G. 2019. Re-conceptualizing foreignness: strategies and implications of translating Chinese calligraphic culture into English since the twentieth century [J]. *Perspectives* 28(5): 777-791.

Taylor, J. E. 2020. *Iconographies of occupation: Visual cultures in Wang Jingwei's China, 1939–1945* [M]. Honolulu: University of Hawaii Press.

魏姝，2015，中国画作品简介翻译：隐秀之重构[J]，《安徽工业大学学报》（社会科学版）（4）：83-85。

许慎，2003，说文解字[M]，上海：上海教育出版社。

杨晓波，2009，中国书法书体名称英译对中国书法史的误读[J]，《中国科技翻译》（1）：33-37。

张晓，2016，传播学视角下中国书法英语译介模式研究[J]，《乐山师范学院学报》（9）：50-55。

作者简介：

雷莹，博士，讲师，广东工贸职业技术学院，主要从事文学翻译、中国文化外译研究，邮箱：515035210@qq.com，电话：18620552006，通信地址：广东省广州市白云区京溪路君华香柏广场6-1101，邮编：520510。

赵友斌，教授，博士生导师，北京理工大学珠海学院布莱恩特学院院长，主要从事文学翻译、时政英语翻译、书法研究等。

（责任编辑：马海良）

《物种起源》在中国的百年译介和传播研究*

惠玲玉　　刘晓峰

摘要： 英国博物学家达尔文1859年出版的 *The Origin of Species* 是生物进化论学说的奠基之作，在国内国际社会产生了深远的影响。该著作在中国的第一个全译本《达尔文物种原始》由马君武先生历时近20年翻译完成，于1920年出版。在随后的百年内，*The Origin of Species* 出现了多种不同汉译版本，译名经历了由《达尔文物种原始》到《物种起源》的转变。目前，国内学术界大多专注于《物种起源》中的生物进化思想研究，对该著作的翻译研究比较薄弱。本研究对 *The Origin of Species* 在中国百年来不同阶段翻译、传播与接受状况进行系统描述，考察其版本、译者、出版、副文本等方面。据笔者不完全统计，自1920年以来，*The Origin of Species* 的汉译本多达31个（包括重译本与修订本）；参与翻译的译者群体较为复杂，翻译模式多样；在该书的出版发行中，赞助众多，文本折射出明显社会变迁，对社会很多领域产生影响。

关键词：《物种起源》；生物进化论；译介与传播

1 引言

中国近代的翻译活动始终是围绕"救亡图存"这条主线展开的。自1840年鸦片战争开始，清政府面临的国家危机和民族危机愈发严峻，通过翻译西书实现救亡图存的行动拉开序幕。19世纪60—90年代洋务运动的失败加快了近代先进知识分子全面学习西学的步伐，翻译西学逐渐成为他们探索救国救民道路的主要手段之一。

* 本文为国家社会科学基金重大项目"中国翻译理论发展史研究"（208ZD312）、陕西省哲学社会科学规划课题"基于语料库的晚清政治经济学译著对比和经济学翻译史重写研究"（2020k003）、全国科技名词委课题"基于语料库的晚清政治经济学术语译介研究"（YB20200010）、西安外国语大学校级重点课题"基于语料库的晚清（1832—1911）政治经济学术语译介研究"（20XWA01）、西安外国语大学研究生科研基金项目"新文科视角下马克思著作译者群像研究"（2021SS045）的阶段性成果。

　　进化论在近代中国的传播最早可以追溯到1873年。1873年英国商人Ernest Major 创办的《申报》以及美国传教士玛高温（Daniel Jerome MacGowan）和中国学者华蘅芳 合作完成的译著《地学浅释》等都刊载了进化论的内容。但近代中国传播进化思想最 著名的书籍是清末资产阶级思想启蒙家严复翻译的《天演论》（李楠 2012）。严复把 "物竞天择""适者生存""优胜劣汰"等进化观引入当时的中国社会，对中国近代资 产阶级革命的兴起产生了巨大推动作用。《物种起源》一书更因其史无前例的开创性 和科学性促进了进化思想在人类社会的传播。马君武先生在其翻译的《达尔文物种 原始》（《物种起源》在中国的第一个全译本）的译序中写道："达尔文以天择说解释 物种原始，为19世纪最大发明之一，其在科学界之价值，与哥白尼之行星绕日说及 牛顿之吸引力说相等，而对于人类社会国家影响之巨大，则远过之。"

　　《物种起源》是系统阐述生物进化理论基础的生物学著作，其"生物进化"的 观点对当时一成不变、故步自封的近代中国具有重要启发意义。1920年，《物种起 源》第一个全译本《达尔文物种原始》在中国出版发行。在近百年内，该书已产生 了31个译本。目前学界鲜有学者从《物种起源》的百年译介与传播方面进行整体梳 理，笔者将从这31个译本出发，描述与阐释《物种起源》在中国的翻译、出版与馆 藏、读者的接受与评价情况，分析此书在中国的接受度，以推动此领域的研究。

2《物种起源》汉译本简介

　　The Origin of Species（即《物种起源》）英文底本于1859年出版，至1872年共发 行六版。现有汉译本多以1872年第六版为底本，少数译本以第一版和第二版为底 本。《物种起源》汉译本在21世纪前，共7个译本，见表1。

表1　21世纪前 *The Origin of Species* 的译介

年份	译者	书名	形式	备注
1920	马君武	《达尔文物种原始》	单本	
1954	周建人、叶笃庄、方宗熙	《物种起源》	分册	
1955	谢蕴贞译，伍献文、陈世骧校对	《物种起源》	单本	
1972	陈世骧、王平远、郑作新、郑葆珊、朱弘复	《物种起源》	单本	1955谢版重译本

（待续）

（续表）

年份	译者	书名	形式	备注
1995	叶笃庄	《物种起源》	单本	1954年修订本
1999	王敬超	《物种起源》	单本	
1999	不详	《物种起源》	单本	根据1995版修订，台湾商务印书馆

21世纪前20年，《物种起源》汉译本数量大幅度增长，共24个版本，其中包含11个编译本，3个合译本，21个独译本，见表2。

表2　21世纪前20年 *The Origin of Species* 的译介

年份	译者	书名	性质	形式
2001	舒德干、陈锷、尹凤娟、蒙世杰、陈苓、邱树玉、华洪	《物种起源》	重译	合译
2003	黎静波	《物种起源》	编译	独译
2005	何滟	《文化伟人代表作图释书系：物种起源（全新修订版）》	编译	独译
2005	翟飚	《物种起源：进化与遗传的全面考察与经典阐述》	编译	独译
2007	李标贤、高慧	《物种起源》	编译	合译
2009	赵娜	《物种起源》	编译	独译
2009	钱逊	《物种起源：进化与遗传的全面考察与经典阐述（全译插图本）》	重译	独译
2013	香妃子（任春）	《物种起源（经典超译本）》	编译	独译
2013	苗德岁	《物种起源》	重译	独译
2013	余丽涛	《哈佛百年经典（第08卷）物种起源论》	重译	独译
2014	刘连景	《物种起源》	重译	独译
2014	王之光	《物种起源》	重译	独译

（待续）

（续表）

年份	译者	书名	性质	形式
2015	焦文刚	《物种起源》	重译	独译
2015	刘清山	《物种起源》	重译	独译
2015	文舒	《国学典藏：图解物种起源（超值全彩白金版）》	编译	独译
2016	孙晓黎	《物种起源》	重译	独译
2016	王羽	《物种起源彩图馆》	编译	独译
2017	桂金	《物种起源》	编译	独译
2018	凡文	《物种起源精读》	编译	独译
2018	何小禾	《物种起源（全新修订版）：进化与遗传的全面考察及经典阐释》	编译	独译
2018	苗德岁	《物种起源（插图收藏版）》	重译	独译
2020	朱登	《物种起源》	重译	独译
2020	李虎	《物种起源·现代注释版》	重译	独译
2020	韩安、韩乐理	《物种起源》	重译	合译

3 研究现状与问题

目前，《物种起源》汉译本研究大致可以分为三个方向。一是整体译介研究：如苏明鸣（2016）对《物种起源》在中国不同时期的译介、研究、误读及《物种起源》的"文学性"四大主题进行了研究。这类研究在资料整理上有较大的贡献，但仍有遗漏，且微观文本研究不足，基本没有涉及译著的传播。二是译本质量对比研究：如钟补求（1957）对周建人译本和谢蕴贞译本进行了14处翻译对比，批评谢译本只追求量不追求质的作风，不严肃、不慎重的科学态度，引起译者对科技文本翻译的反思。该类研究大多只注重微观对比，基本上都是就质量论质量，把宏观社会与文本变形联系起来考察译本的质量研究不足。三是达尔文生态思想的传播研究：如李华凤（2011）对比了《物种起源》和《人类的由来》中所描述的两种生态思想。这类研究着重考察进化论思想的传播与建构，且基本没有涉及翻译。总体而言，该书百年的译介、传播与接受是值得探索的论题，该论文从译者、出版机构、副文本、书评、馆藏等方面研究分析《物种起源》在中国的接受情况。

4 译者和出版机构

译者在翻译过程中的重要性是翻译界永恒的话题之一。翻译研究史表明，自有翻译活动以来，中外译论家关于译者的作用、主体性和主导性等方面的论述就持续不断，这些论述时"隐"时"现"、有"驰"有"张"（胡庚申 2004）。译文由译者的译介行为直接决定，但译者的译介行为却往往和译者自身的身份息息相关（许多 2018）。译者的身份和职业影响着译文的质量。

任何翻译行为都不能独立于孕育它的环境之外，即翻译不是在真空中产生的，因而外部机制对翻译起着至关重要的作用（滕梅、曹培会 2013）。自从出版成为一种产业，翻译出版机构就有组织地在选定材料后选择适当的人从事翻译工作，翻译出版机构在翻译活动中充当着赞助人的角色（钱灵杰、张德让 2007）。出版机构往往对翻译书籍的传播和接受发挥着重大作用，深深地影响着翻译活动。

4.1 译者分析

在传统翻译研究中，译文翻译质量、忠诚度与通顺度、翻译策略等往往受到较高重视，但译者自身的一些因素如身份、教育背景、职业、经历等往往被忽视，因此，增加对译者本身的关注度有利于进一步研究译作。《物种起源》自20世纪初传入中国以来，共计31个译本，参与的译者及编译者达41人之多，见表3。

表3　21世纪以前的《物种起源》译者

译者	生卒年代	出生地	教育程度	活动身份	职业
马君武	1881—1940	广西	德国工学博士学位	政治家、教育家、翻译家	广西大学校长等
周建人	1888—1984	浙江	自学	社会活动家、生物学家	1921任上海商务印书馆编译所编辑
方宗熙	1912—1985	福建	遗传学博士学位	生物学家、中国海藻遗传学的奠基人	人民教育出版社编辑室主任
叶笃庄	1914—2000	安徽	东京帝国大学农实科	农业经济学家、翻译家、科技情报专家	中国农科院科技文献信息中心研究员

（待续）

（续表）

译者	生卒年代	出生地	教育程度	活动身份	职业
谢蕴贞	1909—2000	江苏	巴黎大学理科高级文凭	昆虫学学者	中国科学院昆虫研究所副研究员
伍献文	1900—1985	浙江	巴黎大学科学博士学位	中国研究鱼类学和水生生物学的奠基人之一	中国科学院水生生物研究副所长
陈世骧	1905—1988	浙江	巴黎大学博士学位	中国科学院院士、昆虫学家、进化分类学家	中国科学院动物研究所研究员
王平远	不详				中国科学院动物研究所
郑作新	1906—1998	福建	美国密歇根大学科学博士学位	鸟类学家	中国科学院学部委员
郑葆珊	不详				中国科学院动物研究所
朱弘复	1910—2002	江苏	哲学博士学位	昆虫学家、生物学家、分类学家	中国科学院昆虫研究所、动物研究所副所长、代所长
王敬超	不详				

4.1.1　21世纪以前译者状况

21世纪以前《物种起源》的译者共有12人，其中大部分译者因在生物领域或在其活动领域享有较高的知名度，译者自身的信息较容易获得。除译者王敬超的全部信息不详外，其余11位译者的特点可概括为以下几点。

在生卒年代上，他们大多都生于世纪交替之际，面临着严峻的国家危机和民族危机。因此，他们的翻译活动是在一种使命感和"翻译报国"思潮驱动下进行的。他们翻译的《物种起源》或具有开创性，如马君武《达尔文物种原始》，或具有科学性和严谨性，如1972年版和1995年版《物种起源》。

在地域分布上，译者们大多生于沿海地区，与内陆地区相比，沿海地区的思想开放性和包容性更强，接受新知识的速度就更快。

在教育程度上，6位译者获得了生物学及相关领域的博士学位，由此说明他们的专业知识系统且深厚，因此翻译质量有所保障。

在研究领域上，9位译者都是生物学领域的专家，他们或研究昆虫学、鱼类学，抑或进化分类学等与生物学相关的领域，这对《物种起源》的翻译起着关键性作用。其余两位译者分别是工学博士和农实科学者，他们所研究的领域与《物种起源》有着或远或近的联系，在一定程度上推进了《物种起源》的翻译。

4.1.2　21世纪以后译者状况

2000—2020年，有31位译者参与到《物种起源》的翻译或编译工作之中，但绝大部分译者或编译者知名度不高，译者个人信息难以获得。

由古生物学家舒德干组织翻译的2001版《物种起源》是7人合译本，译者分别为：舒德干、陈锷、尹凤娟、蒙世杰、陈苓、邱树玉、华洪，只有译者舒德干一人信息易于查找，其余几人经期刊查阅，皆从事生物学、地质学等领域的研究工作。

21世纪后，《物种起源》的编译本增多，编译者达12人。他们分别是：黎静波、何湉、翟飚、李标贤、高慧、赵娜、香妃子（任春）、文舒、王羽（女）、桂金、凡文、何小禾。其中编译者何湉获得学士学位，为自由译者、香妃子（任春）获得上海交通大学附属医学院学士和英国斯特灵大学出版管理硕士，职业为编辑、记者及专栏作家。其余10位编译者信息不详。

除合译和编译外，21世纪以后还出现了新的独译本，参与独译的译者有：苗德岁、余丽涛、刘连景、王之光、钱逊、焦文刚、刘清山、孙晓黎、朱登、李虎等。译者基本信息见表4。

表4　21世纪以后新的《物种起源》独译本译者

译者	生卒年代	籍贯	教育程度	活动领域	职业
苗德岁	1951—	江苏	地质学、动物学双博士；芝加哥大学博士后	古生物学领域	中国科学院古脊椎动物与古人类研究所客座研究员
余丽涛（女）	1979—		不详		攀枝花学院外国语学院讲师
王之光	不详		英语语言文学硕士	英语语言文学教学领域	浙江大学外国语学院副教授、硕士生导师

（待续）

（续表）

译者	生卒年代	籍贯	教育程度	活动领域	职业
李虎			不详		自然资源部第三海洋研究所工程师、厦门市科普作家协会理事

材料显示，译者苗德岁是古生物学领域的专家，故他翻译的《物种起源》准确性高，获得了业界的高度认可。

21世纪后《物种起源》的译者及编译者多为非生物领域的学者，因此在搜集译者信息方面困难较大。20世纪80年代文化领域发生的文化转向提出要加强对译者的关注，但如今译者仍然处于较为隐形的地位，出版书籍很少见到对译者的详细介绍，这使得笔者在搜集译者资料上困难重重。

21世纪后，译者翻译或编译《物种起源》的目的发生了改变。21世纪以前，《物种起源》的翻译多是填补这一领域专业书籍的空白，随着时间的推移，每一版的翻译质量都有所提高。21世纪后，《物种起源》出现了编译本，原本50万字的译文被浓缩到10万字甚至更少，编译者的目的多为普及生物学知识。苗德岁先生的翻译则有别于其他编译者，他首次以《物种起源》的第一版和第二版为底本，翻译了两个版本的《物种起源》；另外，据资料显示，韩安、韩乐理父子合译的《物种起源》是我国第一个以《物种起源》第二版为底本翻译的版本，但未能得到及时整理和出版，于2020年才得以面世。

4.2 出版机构

在翻译研究中，有关"赞助人"的讨论一般和勒菲弗尔（A. Levefere）的文化操控论理论联系在一起。首先，赞助人是对文学系统发挥规约性作用的实体（a regulatory body），可以是个人、团体，或是机构；其次，赞助人包括意识形态因素、经济因素、地位因素，分别保证文学与社会中其他系统步调一致，保障作家的生计、作家的社会地位（王岫庐 2021）。《物种起源》在中国的传播与接受离不开出版社的赞助，享有较强权力场域和文化场域的出版社在《物种起源》的翻译、出版、传播和接受中发挥着十分重要的作用。《物种起源》自1920年第一个全译本面世到现在，参与出版的出版社有26家，其中科学出版社、商务印书馆、陕西人民出版社出版的《物种起源》的馆藏数最多。1920—2020年《物种起源》的出版情况见表5。

表5　1920—2020年《物种起源》的出版情况[①]

序号	出版物	出版机构	年份	性质
1	《达尔文物种原始》	中华书局	1920	独译
2	《物种起源》第一分册、第二分册、第三分册	三联出版社	1954	合译
3	《物种起源》	科学出版社	1955	合译
4	《物种起源》（重译本）	科学出版社	1972	合译
5	《汉译世界学术名著丛书 物种起源》（修订）	商务印书馆	1995	合译
6	《物种起源》	中国社会科学出版社	1999	独译
7	《物种起源》	台湾商务印书馆	1999	修订
8	《物种起源》	陕西人民出版社	2001	合译
9	《物种起源》（编译本）	华立文化事业有限公司	2003	编译
10	《文化伟人代表作图释书系：物种起源（全新修订版）》	重庆出版社	2005	编译
11	《物种起源：进化与遗传的全面考察与经典阐述》	人民日报出版社	2005	编译
12	《物种起源》	北京出版社	2007	编译
13	《物种起源》	陕西师范大学出版社	2009	编译
14	《物种起源：进化与遗传的全面考察与经典阐述（全译插图本）》	重庆出版社	2009	独译
15	《物种起源》（经典超译本）	广西师范大学出版社	2013	编译
16	《物种起源》	译林出版社	2013	独译
17	《哈佛百年经典（第08卷）物种起源论》	北京理工大学出版社	2013	独译
18	《物种起源》	译林出版社	2013	独译
19	《物种起源》	新世界出版社	2014	独译
20	《物种起源》	北京联合出版公司	2015	独译
21	《物种起源》	石油工业出版社	2015	独译

（待续）

---

① 合计31个版本，1954年首次出版的周建人、方宗熙、叶笃庄版在1995年再版，因是修订本，单独列为一个版本；1972年出版的谢蕴贞等人版本因是重译本，与1955年版分别列为两个版本。

（续表）

序号	出版物	出版机构	年份	性质
22	《国学典藏：图解物种起源（超值全彩白金版）》	中国华侨出版社	2015	编译
23	《物种起源》	煤炭工业出版社	2016	独译
24	《物种起源彩图馆》	中国华侨出版社	2016	编译
25	《物种起源》	台海出版社	2017	编译
26	《物种起源精读》	中国华侨出版社	2018	编译
27	《物种起源（全新修订版）：进化与遗传的全面考察及经典阐释》	四川人民出版社	2018	编译
28	《物种起源（插图收藏版）》	译林出版社	2018	独译
29	《物种起源》	天津科学技术出版社	2020	独译
30	《物种起源·现代注释版》	清华大学出版社	2020	独译
31	《物种起源》	新星出版社	2020	合译

　　科学出版社是中国的科技出版机构，由前中国科学院编译局与30年代创建的有较大影响的龙门联合书局合并，于1954年8月成立。1954年7月，中国科学院指派著名古生物学家、前编译局局长杨钟健为科学出版社董事长。1955年12月《物种起源》由科学出版社出版，这与科学出版社的业务领域以及任职人员的相关背景有着一定的关联。《物种起源》是一本生物学著作，本就属于科技翻译的范畴，加上译者周建人在相关领域的影响，因而此书由科学出版社出版就合情合理。科学出版社还于1995年出版了叶笃庄修订的《物种起源》及翻译的相关生物学著作。

　　商务印书馆是中国出版业中历史最悠久的出版机构。1897年创办于上海，1954年迁到北京。1958年，中国出版社业务分工，商务印书馆承担了翻译出版国外哲学社会科学和编纂出版中外语文辞书等出版任务，逐渐形成了以"汉译世界学术名著""世界名人传记"为代表的翻译作品。由商务印书馆于1995年出版的《物种起源》正是"汉译世界学术名著"丛书中的一本。作为中国首屈一指的学术出版机构，商务印书馆历经几代负责人的更迭，始终没有放弃翻译出版科学文化类的基本学术图书的传统，堪称"科学传布"的出版重镇（潘涛 2008）。商务印书馆在编印科技翻译作品方面，可谓历史久远。早在1898年商务印书馆开始翻印英文图书时，就曾编印过一套名为《科学入门》的用中文注释的英文教材（徐式谷，陈应年1998）。商务印书馆有编译科技著作的历史，编译所所长张元济又是维新派人物，注重对西方科学技术的引进，《物种起源》由商务印书馆出版也是水到渠成。商务印书馆历史悠久，且出版书籍质量有所保障，因此由商务印书馆出版的《物种起源》馆藏书数量高也是合情合理。

  陕西人民出版社建立于1951年，是一家综合性出版社。主要出版政治、经济、历史、文化、青年读物、辞书和工具书。由舒德干等人翻译的《物种起源》由陕西人民出版社于2001年出版，离不开以下几个原因：其一，译者舒德干是古生物学、地质学领域的专家且在该领域名气较大，这就是舒德干作为译者所拥有的文化资本、符号资本和社会资本；其二，陕西人民出版社是一家综合性出版社，在西北地区活跃度高，出版质量高，有比较固定的读者群；其三，译者舒德干在陕西工作，选择陕西人民出版社出版，地域阻碍小，易于商定出版事宜。

5 《物种起源》文本内容及其影响

  本节旨在揭示《物种起源》译介的主要思想以及副文本对读者产生的影响。

5.1 《物种起源》主要思想

  《物种起源》是英国博物学家查尔斯·达尔文系统阐述生物进化理论基础的生物学著作，1859年11月24日在伦敦出版。该书中，达尔文根据20多年积累的对古生物学、生物地理学、形态学、胚胎学、分类学等许多领域的大量研究资料，以自然选择为中心，从变异性、遗传性、人工选择、生存竞争和适应等方面论证物种起源和生命自然界的多样性与统一性。

  以第六版为底本翻译的《物种起源》共十五章。古生物学家苗德岁先生在其2018年出版的以第一版为底本的《物种起源》序言中写道："读第三章、第四章，了解达尔文的重要概念。"因此，我们推断达尔文的核心观点主要集中在第三、四章，即生存斗争、自然选择。

5.2 副文本

  "副文本"一词最早由法国文学批评家热奈特（Genette 1997）于20世纪70年代末提出。副文本可以是书籍本身的一部分（如标题、封面、摘要、序言、插图），也可以是书籍外部的延伸部分（如广告和采访评论）。热奈特将前者定义为内副文本（peritext），后者为外副文本（epitext），并区分了作者和出版方创作的副文本（Genette 1997: 10-14）。研究译者的翻译思想，离不开研读其译著。而除了通过研读翻译文本来找出其采取的翻译策略、翻译手法、翻译原则以外，还可研读译本中的序跋（译者前言、译后记）（肖丽 2011）。总之，对翻译作品副文本的研究，有助于我们更好地了解译本，发现一些翻译现象，对翻译研究有重要意义。

内副文本是我们接触到一本书最直接的呈现。当我们拿起一本书，标题和封面首先进入视线，翻开扉页，摘要和序言紧跟其后，而插图则穿插在章节之中。就《物种起源》的 31 个译本来说，以《物种起源》直接命名的多是单本发行，而以《汉译世界学术名著丛书：物种起源》（修订）、《哈佛百年经典（第 08 卷）：物种起源论》等命名的多是系列丛书。在《物种起源》封面布置上，整体呈现为以下几点特征："物种起源"四个字字体通常最大，占据的空间也最大，正下方一般会附上书名的英文，而系列丛书名一般字体较小，居于某一角落；书籍原作者字体最小，居于书名之下或左右，原著译者一定会出现在封面上，译者或编译者时而会出现，时而会被隐藏。

在译者序上，1920 年马君武版的《达尔文物种原始》及 2013 年苗德岁版的《物种起源》最为突出。马君武译本序如下。

> 达尔文之以天择说解释物种原始。为十九世纪最大发明之一。其在科学界之价值。与哥白尼之行星绕日说及牛顿之吸引力说相等。而对于人类社会国家影响之巨大。则远过之。复摘录毕生研究所得。……至今举世推尊达尔文为进化论之初祖。其理历久愈明。故本书之价值。无俟赘述。今所欲言者。则予译此书之一段小历史而已。……且此书为全世界文明国所尽翻译。吾国今既不能不为文明国。为国家体面之故。亦不可无此书译本。予固知自民国成立以来。国人堕落不复读书。然国人终有悔过读书之一日。此等重要书类。诚有四五十种流行国内。国民之思想。或起大变化欤。

在马君武写的序里，他的翻译原因和翻译目的非常清晰，展现了强烈的爱国心和社会关怀。马君武将"达尔文天择说"与哥白尼行星绕日说和牛顿吸引力说相提并论，肯定了《物种起源》的巨大价值，这是他翻译的客观原因；其次，马君武认为达尔文的天择说主张会对人类社会及国家产生更大的影响，这是他翻译的主观原因。马君武的翻译目的也十分明了，即改变国民思想，引导国人读书。

苗德岁版的《物种起源》译序十分现代化，其主要目的还是科普及填补以第一版和第二版为底本翻译的空缺。苗德岁版的译序篇幅更长，他就翻译原因、《物种起源》原版的版本问题及如何阅读此书等方面做了说明。

6 《物种起源》在中国的传播与接受

翻译文本的产生只是传播的开始，在它之前还有选择译什么的问题，在它之后还有交流、影响、接受、传播等问题（鲍晓英 2015 a）。译介作为文化传播行为同样包含五要素，即"译介主体""译介内容""译介途径""译介受众"和"译介效果"（张国利，王小潞 2017）。本节主要通过引用豆瓣读书的评价、图书馆馆藏数目及引用数目分析《物种起源》在中国的接受、传播与影响。

6.1 书评分析

豆瓣读书自2005年上线，已成为国内信息较全、用户数量较大且较为活跃的读书网站，故从豆瓣读书获得的数据可以一定程度上推出译本的质量和接受度，且有较好的可信度。《物种起源》共有31个中译本，部分译本得到的评分超过8.5分，显示出较好的接受度和较高的质量。一些译本因出版年代较近，读者较少，没有直接相关书评，见表6。

表6 《物种起源》5个经典译本的豆瓣书评

译者	出版社	出版年份	评分	参评人数	五星比例	短评数量
周建人/叶笃庄/方宗熙	商务印书馆	1995.6	8.5	1 365	48.6%	322 条
舒德干	北京大学出版社	2005.10	8.8	707	53.3%	171 条
谢蕴贞	新世界出版社	2007.1	8.5	330	44.2%	92 条
苗德岁	译林出版社	2013.10	8.9	976	58.6%	355 条
韩安、韩乐理	新星出版社	2020.11	9.3	53	67.9%	21 条

经典译本及其相关书评引用见下。

（1）译林出版社2016年出版的苗德岁译本书评：

①外文著作翻译最大的难点在于文字的转换，词句的斟酌使用，而这一版是现今国内最好的。翻译于达尔文《论物种起源》最完美的第二版。"适者生存"确实不是达尔文著作这本书时想要表达的，实在是在当时的环境下为了不至殒命，而在其后的各种版本中应用了斯宾塞的理念。

②来自该书编辑的评价：最初接到《物种起源》的编辑任务时，心中不是没有疑问的："这本毫无新鲜感的'老书'，国内有那么多译本，还有必要重新出版吗？"当获悉该书是我们的副社长和其他编辑人员几经周折，终于请到著名的古生物学家苗德

岁执笔翻译时，我的疑问更是加深了。然而在经过一系列编辑、宣传，以及衍生工作之后，我不禁感叹当时的自己竟如此功利地看待这大有潜力可挖的经典著作，当真是"未受过高等教育"的愚人呀！

（2）2007谢蕴贞版书评：

①谢蕴贞翻译的真是难读。
②经典，但毕竟是一百多年前写的书，其中的内容现在看来不免有很多错误，但以当时的时代背景来说，这本书肯定是要引起轩然大波的。总的来说第四章是重点，可以细读，其他的，就大体一看。

从以上书评我们可以观察到，一般由生物学领域的专家、学者翻译的版本更容易被读者接受，且好评居多，因为译者多数学历高、造诣深，译文质量有所保障。有些经典译本诞生于特殊的时代背景下，译文对于现代读者晦涩难懂，但译本整体质量亦属于上乘。

6.2 《物种起源》5个经典译本的图书馆馆藏和引用分析

图书馆馆藏量是衡量图书的文化影响、价值，检验出版社知识生产力、知名度等要素的标尺。采用馆藏量来衡量作品的译介效果，是一个很有说服力的评估标准（鲍晓英2015b：143）。表7是在读秀平台上搜索的5个经典译本馆藏和引用数据。

表7　《物种起源》5个经典译本的馆藏和引用数

译者	出版社	出版年份	馆藏数	总被引数	被图书馆引数
周建人/叶笃庄/方宗熙	商务印书馆	1995.6	605	33 481	33 043
舒德干	陕西人民出版社	2001.1	559	25 899	25 699
	北京大学出版社	2005.10	799	20 583	20 394
谢蕴贞	新世界出版社	2007.1	377	6	1
苗德岁	译林出版社	2013.10	249	6 209	6 208
韩安、韩乐理	新星出版社	2020.11	无相关数据		

如表7所示，1995年周建人、叶笃庄、方宗熙三人合译本总被引数和被图书馆引数最高，这说明该译本普遍受到学者和研究人员的认可；由舒德干等7人合译本，馆藏数居于第一，从侧面反映出该译本学术价值高、值得收藏，受读者欢迎。

6.3 《物种起源》的现代建构

《物种起源》是生物学领域的著作，但它的影响已远超出该领域。笔者在知网上检索"达尔文物种起源"，检索所得的文章涉及现代生态安全、中医、医学、艺术哲学、中国园林、宗教思想等领域，说明达尔文的《物种起源》影响范围广、涉及领域多，对中国社会有较为深远的塑造和建构作用。

7 结语

自 1920 年第一个全译本面世，《物种起源》在中国的译介已经走过了一百余年，百余年来，《物种起源》对中国社会产生的作用是巨大的。在《物种起源》的译介、传播过程中，译者和出版社发挥着十分重要的作用。百余年来，《物种起源》在中国共产生 31 个译本，参与的译者多达 41 位，涉及 20 多家出版社。21 世纪以前的译者多为专业领域的译者，译本质量高；21 世纪前 20 年译者群体多样化，一些非生物领域的译者或编译者也参与到了《物种起源》的翻译中来。另外，《物种起源》在中国的影响领域之广和接受度之高也令人瞩目，多部译著的引用次数突破了 20 000。目前，学界对《物种起源》的研究逐渐增多，《物种起源》在中国的译介与接受仍有很大的研究空间，有待更多学者的进一步分析研究。

参考文献：

Genette, G. 1997. *Paratexts: Thresholds of Interpretation* [M]. Trans. J. E. Lewin. Cambridge, UK: Cambridge University Press.

鲍晓英，2015a，译介学视野下的中国文化外译观——谢天振教授中国文化外译观研究 [J]，《外语研究》（5）：78-83.

鲍晓英，2015b，《中国文学"走出去"译介模式研究——以莫言英译作品译介为例》[M]，青岛：中国海洋大学出版社。

达尔文，1920，《达尔文物种原始 第 4 册》[M]，马君武译，上海：中华书局。

达尔文，1955，《物种起源》[M]，谢蕴贞等译，北京：科学出版社。

达尔文，1972，《物种起源》[M]，谢蕴贞译，北京：科学出版社。

达尔文，1995，《物种起源》[M]，周建人等译，北京：商务印书馆。

达尔文，1999，《物种起源》[M]，王敬超译，北京：中国社会出版社。

达尔文，2001，《物种起源》[M]，舒德干等译，西安：陕西人民出版社。

达尔文，2007，《物种起源》[M]，李贤标等编译，北京：北京出版社。

达尔文，2011，《物种起源》[M]，周建人等译，北京：商务印书馆。

达尔文，2013，《物种起源》[M]，苗德岁译，南京：译林出版社。

达尔文，2015，《物种起源》[M]，刘清山译，北京：石油工业出版社。

达尔文，2015，《物种起源》[M]，舒德干等译，北京：北京大学出版社。

胡庚申，2004，从"译者主体"到"译者中心"[J]，《中国翻译》（5）：10-16。

李华凤，2011，《从〈物种起源〉到〈人类的由来〉——达尔文生态思想的进化分析》[D]，沈阳工业大学。

李楠，2012，《生物进化论在中国的传播（1873-1937）》[D]，西安：西北大学。

潘涛，2008，从"科普"到"科文"——商务印书馆50年来的科学传播[J]，《科普研究》（4）：27-30。

钱灵杰、张德让，2007，从"赞助人"的角度论出版机构对译介的影响[J]，《宿州教育学院学报》（8）：153-155。

苏明鸣，2016，《物种起源》在中国的译介研究[J]，《江南大学学报》（1）：106-10。

滕梅、曹培会，2013，意识形态与赞助人合力作用下的对外翻译——外文局与20世纪后半叶中国对外翻译活动[J]，《解放军外国语学院学报》（5）：75-80。

王岫庐，2021，赞助人视角下赵元任科学译介活动研究[J]，《外国语文研究》（4）：69-78。

肖丽，2011，副文本之于翻译研究的意义[J]，《上海翻译》（4）：17-21。

徐式谷、陈应年，1998，商务印书馆对中国科技翻译出版事业的贡献[J]，《中国科技翻译》（2）：46-50。

许多，2018，译者身份对翻译过程的影响——以罗慕士译本中的曹操形象为例[J]，《外语教学》（6）：85-89。

张国利、王小潞，2017，译介学视角下《黄帝内经》国外英译本研究[J]，《中医指导报》（12）：131-133。

钟补求，1957，对于"物种起源"的两种译本的一些意见[J]，《生物学通报》（2）：57-66。

邹振环，2000，五四运动中译出的《达尔文物种原始》[J]，《春秋明国》（4）：31-33。

作者简介：

惠玲玉，西安外国语大学英文学院硕士研究生。研究方向：翻译理论与实践、翻译史、社会翻译学等。邮箱：1376762759@qq.com。

刘晓峰，西安外国语大学英文学院副教授，硕士生导师。研究方向：社会翻译学、翻译理论与翻译教学、翻译史等。邮箱：liuxiaofeng@xisu.edu.cn。

（责任编辑：王强）

中国古典诗歌在匈牙利译介的早期历史*

李登贵　　王凡帆

摘要： 匈牙利诗人德索（Kosztolányi Dezsö）在1931年让中国古典诗歌第一次进入匈牙利语世界，诗人拉约什（Ágner Lajos）在1937年则第一次让匈牙利读者了解到《诗经》的内容及文化背景。在20世纪50年代，匈牙利汉学家杜克义（Tökei Ferenc）与人合译《离骚》和《乐府诗选》；汉学家陈国（Csongor Barnabás）组织大批诗人翻译白居易、杜甫、李白的诗集，促进了中国古典诗歌在匈牙利的传播。在匈牙利汉学家的主持下，汉学家粗译、诗人加工的合作模式使短时间内大量译介中国古典诗歌成为可能。在翻译的同时，译者们也注意介绍诗歌诞生的社会状况和文化传统，在文学研究上取得了卓著的成果。

关键词： 匈牙利；汉学；屈原；唐诗；文学翻译

匈牙利人对中国文化素来葆有兴趣，不仅《易经》《论语》《道德经》《孙子兵法》等中国哲学著作深受欢迎，中国的四大名著、《聊斋志异》《西厢记》及元杂剧也多有译介，以鲁迅、莫言为代表的现代文学作品在匈亦有出版。中国诗歌为广大读者熟知，最早是依靠匈牙利汉学家和诗人们的共同努力。

1 匈牙利翻译中国文学作品的概况

1.1 1949年前

匈牙利人认为自己的祖先来自东方，与匈奴有亲缘关系，因此匈牙利东方学家最初对中亚、东亚的兴趣便表现为对匈牙利人起源的探寻上。匈牙利第一位杰出的东方学家山多尔（Kőrösi Csoma Sandor, 1784—1842）曾于1819年徒步前往中亚，其主要目的就是探寻匈奴的后裔。山多尔虽未能到达目的地，但成了欧洲西

* 本研究得到北京外国语大学2020年度"双一流"建设重大标志性项目"孔子学院与海外中国学研究中心建设"（2021SYLZD024）基金支持。

藏学的创始人（何培忠 2003）。他编写的《藏英词典》和《藏语语法》对研究东方语言具有重要意义。他的学术兴趣十分广泛，著作内容涉及藏族文化的许多方面，包括辞典编纂、古籍目录、地理、藏传佛教的各派概说、藏医文献、文物等，使欧洲人第一次接触到《西藏王统记》《青史》《萨迦格言》《医方四续》等典籍（常峻 2012）。

另一位对匈牙利人民了解中国文化起到关键作用的人是匈牙利著名作家科斯特拉尼·德索（Kosztolányi Dezső），1931年，他翻译了《中国和日本诗章》，其中收录了李白、杜甫、白居易等诗人的作品，在匈牙利产生了较大影响（王治江等 2019）。

1.2　1949—1989 年

1949年中华人民共和国成立后，匈牙利与中国的关系迅速发展，匈牙利人对中国历史、文化和文学的兴趣日益浓厚。为满足这些需求，匈牙利的中国学家将研究重点移向中国本土，翻译了大量中国古典和现代著作（何培忠 2003）。

一方面，中匈建交后，两国开始互换留学生，诞生了一批精通两国语言且了解对方文化的学者，其中包括杜克义、陈国、高恩德、尤山度、米白、艾之迪、谷兰等匈牙利汉学家。正是这批学者开创了匈牙利翻译中国文学作品的"黄金时期"（吴玉凤 2016）。另一方面，社会主义时期（1957—1989年）的匈牙利迎来了翻译的黄金时代：不以营利为目的的国有出版社赞助长期翻译项目，并因拥有可靠的编辑和众多优秀的译者而出版佳作（Péter 2014）。

1.3　20 世纪 90 年代后

现代作家郭沫若、闻一多、徐志摩、艾青的作品的翻译是从20世纪90年代开始的（雒文佳、马圆圆 2018）。但是，1989年之后，匈牙利对中国文学的翻译急剧减少，匈牙利民众对中国的兴趣逐渐转移到儒道佛教、中医、气功和商贸评论方面（吴玉凤 2016）。随着第一代华人移民的子女在匈牙利逐渐成年、接受高等教育，新一代翻译家有望成长起来。

1.4　由科斯特拉尼·德索推广的唐诗

匈牙利著名爱国诗人科斯特拉尼·德索（Kosztolányi Dezső，1885—1936）在20世纪10年代即醉心于中国戏剧，还创作过以中国为背景的小说。他在德国作家克拉邦德（笔名Klabund为人熟知，原名为 Alfred Henschke，1890—1928）的影响下开始翻译反战诗歌。

1931年，他的《中国和日本诗章》出版，收录了李白、杜甫、白居易等的作品，这是匈牙利在20世纪第一部中国古典诗词选集，受到广泛欢迎。1932年，他又出版了带有介绍和点评的版本。这两个版本在1940年、1942年、1943年、1947年均有再版，1998年和1999年又有重印，可见其影响深远。

德索喜欢研究远东诗歌，包括中国诗歌，并且试图通过诗歌翻译和点评向公众介绍这些诗歌。虽然他主要依靠英译本来翻译，并不完全忠实于原诗，但在他的诗歌评论和背景解释里可以看到，他再现的中国诗人的思想世界，格外准确（Németh 2010）。

他选译的诗人有骆宾王、李易、王维、陈子昂、孟浩然、苏东坡等，其中他最喜欢的诗人是李白、杜甫和白居易（Zágonyi 2008）。德索把李白的画像放在书的扉页上，称他为"世界上最伟大的抒情诗人"。德索翻译了17首杜甫的诗，认为他是"写美食和生活乐趣的大师"；翻译了49首白居易的诗，说他"在还活着的时候，他的诗已经被天子刻在石板上"。

在德索的影响下，匈牙利涌现了一批介绍唐诗的翻译作品。1937年，拉约什（Ágner Lajos）的《中国诗百首》也选取了陶渊明、李白、白居易、韩愈、苏东坡、王安石等人的诗。

1.5 由拉约什介绍的《诗经》

匈牙利东方学家拉约什（Ágner Lajos，1878—1949）自1901年开始在匈牙利和德国学习汉语和日语。他将10首《诗经》中的作品从中文译为其他语言，并发表在他1937年出版的《中国诗百首》中，而更早出版的《中国和日本诗章》中仅有2首诗来自《诗经》。

拉约什本人文学素养深厚，是匈牙利文学史学会的创办人之一，他在诗集中不只承担了翻译工作，也对诗人生平进行了简介，尤其是对诗歌创作时代背景的介绍，帮助读者了解古代中国的文化。他分析了《诗经》中重要的意象，花、鸟、爱情，也分析了诗的韵律。在诗集的导言中，他感慨道，"很多时候，我觉得这些古老的歌曲仿佛回荡着古匈牙利人古老的亚洲血缘！"他是20世纪上半叶对《诗经》介绍最多的匈牙利译者。此外，他还在1939年发表了一篇关于《诗经》的文章。对其学术遗产的研究也发现，他还计划编纂和出版自己的《诗经》选集（Tokaji Zsolt 2020）。

2 匈牙利汉学界对中国古典诗歌的介绍与研究

2.1 杜克义与《离骚》

1953 年，世界和平理事会推举屈原为全世界人民纪念的"四大文化名人"之一。同年，中国社会各界开展了轰轰烈烈的纪念屈原逝世 2 230 周年的活动，苏联文化界在莫斯科召开了纪念屈原的集会（陈亮 2013）。匈牙利汉学界也加入了这一世界性纪念活动中。1954 年，匈牙利罗兰大学中文系的杜克义（Tökei Ferenc，1930—2000）与匈牙利诗人吴洛士·山多尔（Weöres Sándor，1913—1989）合作翻译出版了《屈原诗选》，包括《九歌》《招魂》《天问》《离骚》《卜居》《渔夫》等诗篇。1959 年，他与另一位匈牙利诗人纳吉·拉斯洛（Nagy László，1925—1978）合译了《屈原离骚》。这两册诗集都是由杜克义把中文原文翻译为匈牙利语散文，然后由诗人改写为匈牙利语诗歌（Tökei 2000），同时杜克义还负责撰写注释和后记。

1959 年，杜克义出版了《中国哀诗的起源：屈原及其时代》。该书是一部很有理论深度的学术著作，着重探讨汉文化史诗不发达的原因，和辞赋如何发展成一种文体的过程（陈亮 2013）。在书中他称赞了屈原丰富的想象力。在对《离骚》这样一部宏大抒情诗进行翻译与研究后，他认为屈原把宇宙间森罗万象的景观都看成是有生命的存在，把风、雨、雷、电、云、月等都看成是他的侍从，让凤凰和龙替他拉车，在太空中驰骋，忽而飞到天堂门前，忽而登上世界之巅，忽而跑到西极的海边，结果天上地下都不能满足屈原的追求，屈原最后下决心溺水自杀。在《天问》中，屈原提出一连串 170 多个问题，却没有得到答案（兴万生、李孝风 1994）。

杜克义后来的研究兴趣转向哲学和历史，他在 1965 年出版的《论亚洲的生产方式》，引起了学术界重视。他后来到匈牙利科学院哲学所工作，成为所长、院士。但他对楚辞的感情一直延续。巴拉什出版社于 1994 年出版了纳吉·拉斯洛（Nagy László）的翻译作品，杜克义为之加了些点评文字。1998 年则再版了吴洛士的译本，加入了杜克义撰写的前言和陶凯（Tokaji Zsolt，1971—）的注释，收录在巴拉什出版社的《中匈文库》中。杜克义（Tökei 2000）在《我的汉学生涯》一文中专门提到，"我一直研究屈原的作品，有时还在布达佩斯大学教授关于屈原的课程。我曾写过一本关于屈原的书，这本书在法国和日本也出版过。直到现在我仍然认为屈原是中国最伟大的诗人，而《离骚》则是享誉国际的中国名诗。"

2.2 杜克义、米白尔与《中国文学简史》

1957—1967 年，杜克义在欧罗巴出版社担任编辑，致力于推动出版中国的古典文学作品（王治江等 2019）。《聊斋志异》（1959）、《关汉卿杂剧选》（1959）、《西厢记》（1960）、《灰阑记》（1959）、《红楼梦》（1959）、《水浒全传》（1961）、《西游记》（1968）等作品都是在他任期内推动出版的。随着文学作品陆续出版，匈牙利的读者和文学评论界更想要了解这些作品的产生背景和它们在中国文学中的位置。第一部以匈牙利语写作的，用现代理念编写的中国文学史由杜克义和另一位匈牙利汉学家米白尔（Miklós Pál，1927—2002）合作完成。

米白尔作为中匈两国第一批互换留学生之一，1951—1954年在北京大学学习中国艺术史，其间结识了齐白石、李苦禅等画家。他花了三个月时间在敦煌莫高窟临摹千佛洞壁画，其作品《敦煌千佛洞》享誉世界。1954—1958年，他在霍普·费伦茨东亚艺术博物馆工作，1958—1974年担任匈牙利科学院文学研究所研究员。1960年，他与杜克义合著的《中国文学简史》由思想出版社在布达佩斯出版。两位作者着重介绍了中国文学作品诞生时的政治和社会状况，引用马克思主义理论解释了大量中国文化现象（Kiss 1962）。

2.3 杜克义、陈国与诗人们合作翻译诗集

陈国（Csongor Barnabás，1923—2018）是罗兰大学中文与东亚系第三任主任，精通中文、藏语、维吾尔语等，善于利用中亚的语言资料研究中文音韵学，同时也是中国古代语言文学专家。他还是杰出的中国古典小说翻译家之一。他独立翻译完成《水浒传》（1961）和《西游记》（1969），并多次再版。在文学研究方面，他做出了长期努力，发表了《中国小说中的英雄史》《文学和语言学作为理解现代中国的手段》《一部中国古典小说中的人类世界》等重要论文。

20世纪50年代，在陈国的主持下，一批匈牙利诗人、作家分头翻译出版了李白、杜甫、白居易的诗选：1952年，吴洛士翻译了《白居易诗选》；1955年，伊莱仕·久拉（Illyés Gyula）、萨博·劳伦兹（Szabó Lőrinc，1900—1957）等7人翻译了《杜甫诗选》；1961年，安德拉什·拉斯洛（András László，1919—1988）、戴美伊·奥投（Demény Ottó，1928—1975）等21人合译了《李白诗选》。陈国负责每本诗选的粗译、注释，以及前言与后记的撰写工作。

1957年，布达佩斯欧罗巴出版社出版《诗经》，全书包含诗歌305篇，是第一次对《诗经》的全本翻译（Tokaji 2020）。整个翻译工作由杜克义主持，由查那迪·伊莫来（Csanádi Imre，1920—1991）、久拉（Illyés Gyula，1902—1983）、吴洛士等10位享誉匈牙利的诗人、作家合作完成。这个版本其后在1974年、1976年、1994年再版。

此外，杜克义还在1959年与福多·安德拉什（Fodor András，1929—1997）、加莱·加博（Garai Gábor，1929—1987）、伊莱仕·久拉、吴洛士等诗人合作翻译了

《乐府诗选》。这是乐府诗在匈牙利的第一个译本，其后收录于1967年欧罗巴出版社出版的《中国古典诗歌》中。1997年，巴拉什出版社出版了中匈对译版本。

1967年，由陈国主编、欧罗巴出版社整理出版的《中国古典诗歌（两卷本）》问世。作为20世纪60年代翻译工作的集大成者，全书共收录了1 236首诗歌，其中有56首由汉学家从中文原文译出：陈国24首，艾之迪（Ecsedy Ildikó，1938—2004）12首，高恩德（Galla Endre，1926—2008）15首，杜克义7首。更多诗歌则是与匈牙利诗人和作家共同完成的（Juhász 2019）。

虽然汉学家对介绍、研究中国文学作品起到了至关重要的作用，但是大量的诗歌翻译工作并不是由汉学家完成的。在匈牙利，汉学家经常与诗人、作家合作，其中不乏由汉学家先从中文翻译成匈牙利语散文，再由诗人、作家转写为匈牙利语诗歌。这种"文学翻译"方式既让中国古典诗歌在短时间内大量出现于匈牙利语世界，又降低了匈牙利读者理解诗歌的门槛，取得了良好的效果。

3　小结

中国古典诗歌进入匈牙利主要依靠文学界和汉学界两股力量。匈牙利诗人德索和拉约什在20世纪30年代对《诗经》和唐诗的介绍、翻译和再创作，最先为匈牙利读者展示了中国诗歌之美；而大规模的诗集翻译出版、侧重学术性的诗歌研究则在五六十年代由杜克义、陈国等人完成。匈牙利文学界和汉学界的合作，采用了"文学翻译"的方式，使短时间内大量译介中国古典诗歌成为可能。虽然他们的翻译未必忠于原文，但他们的工作不仅达到了文学介绍的效果，也成为匈牙利民众了解中国文化、探寻中国历史社会状况的窗口。

参考文献：

Ágner, L. 1937. *Száz kínai vers* [M]. Budapest : Bethlen Nyomda.

András, L. 1961. *Li Taj-po versei* [M]. Budapest : Európa Könyvkiadó.

András, L. 1967. *Klasszikus kínai költők I-II* [M]. Budapest : Európa Könyvkiadó.

Fodor, A. 1959. *Zenepalota* (*Jo Fu*) [M]. Budapest : Európa Könyvkiadó.

Illyés, G. 1955. *Tu Fu versei* [M].Budapest : Új Magyar Kiadó.

Juhász, O. 2019. Klasszikus kínai versek magyarul (Miklós Pál emlékére) [A]. in C. Zsuzsanna (ed.) *Művészet, vallás, kultúra: Sinológiai tanulmányok Miklós Pál emlékére* [C]. Budapest: ELTE Kofuciusz Intézet: 117-131.

Kiss, Z. 1962. Tőkei Ferenc, Miklós Pál: A kínai irodalom rövid története [J]. *Irodalomtöténet* 50. évf. 3-4 sz: 450-451.

Kosztolányi, D. 1957. *Kínai és japán költők* [M]. Budapest: Szépirodalmi Könyvkiadó.

Kosztolányi, D. 1999. *Kínai és Japán versek. Ford. és bev.* [M]. Budapest : Magyar Könyvklub.

Nagy, L. 1959. *Csü Jüan: Száműzetés* [M]. Budapest : Európa Könyvkiadó.

Németh, N. 2010. *Kosztolányi és a kínai költészet világa* [Z]. ELTE, 2010. 04.14, ELTE BTK Kodály-terem.

Péter, H. 2014. Classical Chinese Novels in Hungarian Translation [J].《中国比较文学》, 2014(4): 110-119.

Tokaji, Zs. 2020. Méltán nevezhetni chinai Homérnak [J]. Távol-Keleti Tanulmányok, 12(1): 58-59.

Tőkei, F. & Miklós, P. 1960. *A kínai irodalom rövid története* [M]. Budapest: Gondolat Kiadó.

Tőkei, F. 2000. Sinológusi pályámról [A]. in I. Hamar and F. Takó (eds.). Kínai bölcselet és művészet: Tanulmányok Tőkei Ferenc emlékére [C]. Budapest: ELET Konfuciusz Intézet: XV-XVIII.

Weöres, S. 1952. *Po Csü-ji versei* [M]. Budapest : Szépirodalmi Könyvkiadó.

Weöres, S. 1954. *Csü Jüan versei* [M]. Budapest: Szépirodalmi Könyvkiadó.

Weöres, S. 1998. *Kilenc varázsének (Csü Jüan: Kilenc dal)* [M]. Kínai-magyar könyvek. Budapest : Balassi Kiadó.

Zágonyi, E. 2008. Kosztolányi kínai és japán versfordításainak keletkezéstörténete; A japán közvetítő szövegek jegyzéke. [J]. *Irodalomtörténeti közlemények*, 112 évf. 4. sz.: 407-434.

常峻，2012，19—20世纪初匈牙利汉学研究与中国近现代学术转型[J]，《浙江传媒学院学报》19（6）：89-94.

陈亮，2013，欧洲楚辞研究综述[J]，《江苏社会科学》（6）：191-196。

何培忠，2003，匈牙利的中国学[J]，《国外社会科学》（6）：109-110。

雒文佳、马圆圆，2018，余·艾丽卡：大量中国文学在匈牙利出版[N]，《国际出版周报》，2018-06-04（12）。

王治江、王雪彤、王靖怡，2019，中国文学典籍在匈牙利的译介概略[J]，《华北理工大学学报》（社会科学版）（6）：115-120。

吴玉凤，2016，中国文化在匈牙利的传播阶段及其特点分析[J]，《山西青年》（18）：60-61+59。

兴万生、李孝风，1994，匈牙利汉学家、翻译家——杜克义院士[J]，《世界文学》1994（4）：272-276。

作者简介：

李登贵，男，北京邮电大学人文学院副教授，匈牙利罗兰大学孔子学院中方院长。主要研究领域：日语语言学、对外汉语教学、教育法学。邮箱：lidenggui@163.com。

王凡帆，女，北京外国语大学外派教师，匈牙利罗兰大学孔子学院中文教师。主要研究领域：国际中文教育、匈牙利语。邮箱：wangfanfan89@163.com。

（责任编辑：翟峥）

高校英语教师跨文化交际课程教学认知探究*

赵富霞

摘要："跨文化交际"作为英语专业的核心课程和大学英语的三大模块之一，对大学生跨文化能力的培养起着关键作用。本文在对多个案例进行研究的基础上，探究了高校英语教师对跨文化交际课程的教学认知。研究发现：教学内容在注重文化多样性的同时，始终贯穿着中国文化；在教学材料的选取和利用上，存在忠于教材、基于教材和自主选编三种倾向；教学活动的开展以知识讲授为基础，但更强调通过跨文化情境和案例使学生获得互动体验及培养他们的思辨能力；教师角色既保持了知识传授者的底色，也凸显了教师在培养学生跨文化能力的过程中作为引导推进者和共同学习者的定位。本研究对跨文化交际教学研究以及外语教师教育和发展都有重要启示。

关键词：跨文化交际；教师认知；高校英语教师

1 引言

教师认知是教师在教学中的所知、所思和所信（Borg 2006），关系到教师的课堂决策和教学实践（Woods 1996），对教学目标的实现起着关键作用。为了促进培养具有中国情怀、国际视野并具备良好沟通能力的国际化人才，教育部于2020年颁布的《普通高等学校本科外国语言文学类专业教学指南》和《大学英语教学指南》都把跨文化能力培养作为英语教学的重要目标，并在课程设置上做了明确安排，将跨文化交际（intercultural communication，以下简称IC）作为英语类专业的核心课程及大学英语的三大模块之一。

外语教师作为跨文化交际教学的设计者和实施者，他们的认知对于跨文化能力培养目标的达成至关重要。探究教师如何理解和开展跨文化交际教学，如何认识自

* 本文为江苏高校哲学社会科学研究一般项目"基于跨文化能力培养的高校英语教师认知研究"（2020SJA1786）的阶段性成果。

己在其中的角色定位，不仅很有必要，而且对于促进学生的跨文化能力培养和教师自身的职业发展也都具有重要意义。

2 外语教师的跨文化教学认知

外语教师认知研究兴起于20世纪70年代西方的应用语言学和语言教学领域，实证类的大致分为两种，一种对语言教师的整体认知进行一般性描述和分析，以了解教师对外语教学及相关问题的看法和见解（Zheng 2015）；另一种则更有针对性和具体性，即根据某一特定科目或课程情境的特殊性，对教师的认知特点开展探索，比如语法（Borg 1998）、阅读（Meijer et al. 1999）、写作（Yigitoglu & Belcher 2014）、语音（Baker 2013）等。相对而言，我国外语教师认知研究起步较晚，但近年来发展迅速，尤其是针对具体科目或课程的研究，包括口语（李月娥，石运章 2011）、语法（高强，张洁 2010）、阅读（杨鲁新，高绍芬 2014）、演讲（冯瑞敏 2016）、写作（张凤娟，战菊 2017）、翻译（郭来福 2019）等。这些研究有助于从不同层面了解教师对外语教学的认知。

随着跨文化能力培养成为外语教学的重要内容和目标的要求被广泛接受，学者们开始关注教师们对跨文化教学的认知。国际上，美国学者Lessard-Clouston（1996）较早开始这方面的研究，他对16名中国中学英语教师的文化教学观念进行了访谈，结果发现老师们对文化在外语教学中的作用高度认可，但对于如何将文化融入英语教学知之甚少。比利时学者Sercu（2006）对来自比利时、保加利亚、波兰、墨西哥、希腊、西班牙、瑞典7个国家的424名外语教师进行了问卷调查，发现教师们普遍认同跨文化教学的必要性，但由于跨文化教学能力的欠缺，未能开展较为深入的实践。除此之外，芬兰、英国、新西兰、越南、伊朗、印度尼西亚等国的学者们也从不同视角探究了外语教师们对于跨文化教学的理解、信念和实践（Larzén-Östermark 2008；Young & Sachdev, 2011；Nguyen et al. 2016；Oranje & Smith 2017；Ghavamnia 2020；Munandar & Newton 2021）。

国内相关实证研究开展的相对较晚，但近年来呈逐渐增多趋势，这些研究包括高中英语教师的跨文化敏感度（邵思源，陈坚林 2011），高校英语教师对跨文化能力的认知（韩晓蕙 2014）、对跨文化能力培养所持的信念（张淳 2014）、对跨文化能力测评的认知与实践状况（Gu 2015），国际汉语教师对于跨文化能力培养的认知（Gong et al. 2018）等。

以上研究关注的跨文化教学只是作为外语教学的附加或延伸，其跨文化内容相对隐性，较为碎片化和边缘化。与它们不同的是，本研究聚焦IC课程的教学。近几十年来该课程的教学研究也给跨文化交际学科的发展提供了重要推力。国际上对跨文化交际教学研究的探讨在20世纪70年代始于传播学界，后来逐渐辐射到心理学、语言学等学科（Díaz & Moore 2018），探讨了课程设计（Gudykunst et al. 1991）、内容安排（Martin & Chaney 1992）、方法资源（Wintergerst & McVeigh 2011）、理念范式（Holliday 2018）等。在我国，跨文化交际学科最初在80年代由外语学者引介，自90年代起，越来越多的高校开设了IC课程并开展了一系列相关研究，推动了中国跨文化交际研究的初步繁荣，这也给汉语国际教育、传播等专业带来了启发和影响。这些研究关注了IC课程的教学内容（胡文仲 2006）、教材现状（索格飞等 2015）、教学策略（张晓玲 2021）、评估测试（顾晓乐，赵毓琴 2021）等，给教师实施跨文化交际教学提供了有益的参照，然而对教师自身的关注却非常有限，这不利于跨文化交际研究的推广以及教师们的相关专业发展。

鉴于此，本研究将结合教师认知研究领域的相关成果，聚焦讲授IC课程的高校英语教师，以半结构访谈为主的质性方法收集数据，探究他们的教学认知。本文拟回答以下研究问题：

高校英语教师对于跨文化交际课程的教学具有什么样的认知？

3 研究设计

3.1 研究对象

本研究依据目的性抽样原则（Cohen et al. 2018），以12位来自不同高校、具有3年以上IC课讲授经验的英语教师作为研究对象（见表1）。他们在性别、英语教龄、IC课教龄、职称、学历、教学部门等方面存在差异，能够使数据具有一定的多样性和丰富性；同时，他们与作者熟识多年，互相信任，保证了数据的可靠性和真实性。

表1　研究对象基本信息

教师	性别	英语教龄/年	IC课教龄/年	职称	学位	教学部门
T1	女	10	6	讲师	硕士	英专
T2	男	28	11	讲师	硕士	大英
T3	女	36	25	教授	硕士	英专
T4	女	14	4	讲师	博士	英专
T5	女	20	8	副教授	硕士	大英

（待续）

（续表）

教师	性别	英语教龄/年	IC课教龄/年	职称	学位	教学部门
T6	女	7	5	讲师	硕士	英专
T7	女	19	11	讲师	硕士	大英
T8	女	20	8	副教授	硕士	英专+大英
T9	女	14	6	讲师	博士	英专+大英
T10	女	20	9	讲师	硕士	大英
T11	男	17	7	讲师	博士	英专
T12	男	20	6	副教授	博士	英专+大英

3.2 数据收集与分析

数据来源以每位教师的半结构性访谈为主，访谈主要围绕教师对IC课程教学的所知、所信、所思及所做，涵盖他们的教育、教学经历和理念。访谈问题有：您认为IC课的教学内容应该是什么？您在课堂上涉及了哪些国家和群体的文化，为什么？您如何为该课程选取课本及其他教学材料？教学中您主要采用了哪些方法和策略？如何定位您在这门课上的角色，为什么？每位教师接受60—90分钟的访谈，访谈进行录音并做现场笔记。录音转写后的文稿由他们确认后再展开分析。此外，研究者还收集了他们的教学大纲、教材、课件、发表的学术论文以及课题申报情况等信息，对访谈数据进一步补充验证。

数据分析采用兼顾自上而下和自下而上的主题分析法（Xu & Zammit 2020）。首先，根据Borg（2006）提出的教师认知元素框架，将访谈数据大致分成跨文化教学内容、教学材料、教学活动和教师角色四个大类；然后，在这四个类属之下，对教师们的个人数据进行反复阅读，进行编码，并开展跨案例比较，从中归纳和提炼出他们对IC课程教学的认知主题。

4 研究发现

4.1 对于教学内容的认知

教师们对于IC教学内容的认知可以提炼为：注重文化多样性，贯穿中国文化。

教师们认为IC课应将普遍文化而不是某些特定文化作为教学内容，即注重文化多样性的呈现，这样才能有效提升学生的跨文化意识和敏感度。T1"不希望同学们觉得跨文化交际仅仅就是中国人、美国人或者是中国人、英国人，其实还包括中国人和日本人，墨西哥人和阿拉伯人等等，是全球的这样一个动态的、不同文化点"；T2表达了类似的看法，"我不聚焦具体的国家，…… 我通过某个案例让学生感受和体验跨文化交际，不只是中国人和讲英语人群的交际。我这门课讲的大部分是跟所有的人去交际的通用东西。学习跨文化交际很大程度上就是要拓展这种视野和能力。"T9强调课程的重点是学生对文化的理解、跨文化能力的提高，因此不会特意针对某一国家或民族文化在课堂上展开讲解。与他们略有不同的是，T4认为在当今时代背景下还应当引导学生了解"一带一路"国家文化习俗特点。

在注重文化多样性的同时，教师们始终将中国文化贯穿其中，并强调深入理解和传播中国文化的重要性。T1认为"只有学生理解了中国文化，才能更好地进行跨文化交际"。T2在教学中特意添加了"Know yourself"的专题内容，重点关注易被学生忽略的传统中国文化。T5为了预防学生对西方文化的盲目倾慕，注重引导他们对中国文化的认同感和自豪感。T6认为要从两个层面，一是中华民族的优秀传统文化，二是具有特色的区域（如家乡）文化，促进学生对传统文化价值观的了解传承以及文化自豪感的培养。T7来自中医院校，努力将中医药人才培养对接跨文化交际学科，在细化教学内容时注重"让学习者能够对中医药传统文化有一个认同感，并树立中药文化传播的意识"。T8策划了"Think globally, act locally"专题，以时事案例为出发点，引导学生从个体角度思考在全球化背景下如何讲好中国故事，如何传播中国文化。

4.2 对于教学材料的认知

教师们对于IC教学材料的认知主要有：忠于教材、基于教材和自主选编。

忠于教材指的是教师对IC课选用的教材完全认同，并依照其开展教学。T5使用的是她参与编写的教材，认为其内容很全面，她对书中的每个章节也了然于胸，再加上活动设计有很强的课堂操作性，所以做出了忠于教材的选择。

基于教材指的是教师以教科书为纲，根据其设定的主题开展教学，但并不拘泥于其内容，对相关话题有较多的拓展及添加。T8以教科书为框架，但不被其内容所局限，常融入课本外的一些素材，尤其关注时事，深入挖掘后将其当作跨文化案例。T9在前两轮的课程中逐渐发现教科书上的有些内容较为陈旧，因此特别留意教学素材的补充和更新，并且对所选材料有自己的标准，尤其是素材内容与课堂教学里跨文化主题的契合度，同时考虑它的启发性和趣味性，如果语言难度合适，就选用并设计相应活动。

自主选编指的是教师在IC课上不固定某一本教科书，而是自行选取并组织教学材料。T2在课程开始的前几轮曾用过三本不同特点的教材，但皆与他的理念及学生需求有一定距离，后来他决定不给学生指定教科书，但会给他们提供由他设计好的教学大纲以及精心选编的相应主题材料。T3与他的做法类似，并且尤为重视时事素材的融入。

4.3 对于教学活动的认知

对于IC教学活动，教师们的认知主要有三种：跨文化知识讲授、互动体验和思辨培养。

首先，教师们认为很有必要在这门课上讲授跨文化交际学科的相关知识。在T4看来，只有将相关学科知识在课堂上清晰讲授才可能达到好的教学效果。T7发现绝大多数学生最初对跨文化交际几乎没有了解，因此她在课上会对有关知识和理论重点讲解。T8认为需要把跨文化知识当作抓手进行讲授，一来考虑到学生的学习习惯，二来也给他们以后更深入的跨文化交际学习打下一定基础。

其次，除了跨文化知识，帮助学生们从互动中获得跨文化体验也是教师们开展教学活动的重点。T2认为必须要多利用课堂给学生们创设跨文化场景，比如将课堂想象为一个派对，与陌生同学搭话，或者尝试多样化的非语言交际方式等，在体验中对跨文化交际有更为具体的理解。T5安排学生分小组后根据相应的跨文化主题拍摄微电影，在自编自导自演中获得跨文化体验。T6坚信"跨文化交际的有些东西不是只讲授就行的，学生一定要有所体验"，她在课上做了BAFA BAFA等模拟游戏，"虽然和真实情境有差距"，但让学生感受到了"进入不同的陌生文化后所受的冲击"。T7安排学生分小组设计与中医药国际交流相关的案例，并在班级表演展示。

最后，教师们还特别重视对学生思辨能力的培养。比如，他们在教学中都使用了案例研究让学生分析跨文化冲突形成的可能原因，鼓励学生在此过程中形成并阐述自己的观点。T2要求学生对生活中观察到的跨文化现象进行反思，并特别提醒他们对中国文化开展多层次、多视角的解读。T8选取有一定争议度的新闻事件，要求学生分组收集并对比不同视角的报道，以此"逼"学生在分析探索中形成自己的判断，而不是人云亦云。

4.4 对于教师角色的认知

教师们对自己在这门课上的角色认知主要有三种：知识传授者、引导推进者以及共同学习者。

教师们是跨文化知识的传授者。T4认为她在这门课上首先是一个"输入者"，因为IC课对学生来说是一个全新的学科，相关知识和理论都需要老师在课堂上讲透后他们才好"消化"。T7认为IC课的价值在于"有知识、有思想、有理论在里面，而这些东西需要有一个讲授者……我首先就是一个讲授者。我要把学生们之前没有接触到的知识、文化、理论给他们，让他们觉得有东西，有收获"。

相比知识传授者，引导推进者是教师们在IC教学中更为认同的角色。T2明确将自己在这门课上的角色定位为"facilitator"，在提升学生跨文化意识和敏感性的过程中促使他们发展"一种更开放、更宽容的精神，去看待不同的文化，还有不同文化里面的人，然后看待世界的视角会更丰富一些，包括反思自己的文化"。T6把自己在这个课上定位于"organizer"和"facilitator"，既要设计好教学活动，更要在组织实施时带动学生参与，才能达到预期效果。T7在认同跨文化知识传授者角色的同时，强调自己更多时候是一个"facilitator"，也类似于苏格拉底把教师比作产婆，因此在课堂上她非常重视鼓励并激发学生分享经历与体验，以此增强他们的跨文化敏锐度。T9认为她在这门课上就是典型的"facilitator"，做好教学设计并给学生提供一些资源，然后重在引导他们进行跨文化学习的自我探索。

教师们还发现自己与学生是跨文化领域的共同学习者。T1认为她在教这门课的同时也一直在学习，从这个意义上说与学生是平等的参与者。虽然T5觉得自己主要是个"向导"，带领学生对跨文化领域进行探索，但很多时候和他们一样也是跨文化现象的感受者和活动的参与者，甚至是他们的合作者，在互相启发中得到新的收获。T8强调教师也要通过不断的自我学习来更新IC教学，因此她认为在这门课上她和学生是平等的，有时还从学生的分享中获得启发，"内化成自己的一个东西"，促进了自身的成长。

5 讨论

本文探究了高校英语教师跨文化交际课程的教学认知，发现教师们对于教学内容、教学材料、教学活动和教师角色的理解与实践有其独到的特点（见图1）。

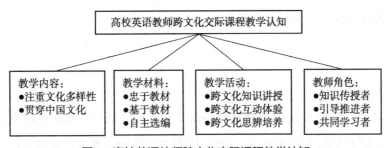

图1　高校英语教师跨文化交际课程教学认知

对于跨文化交际课的教学内容，教师们重视文化多样性的呈现，同时始终把中国文化贯穿其中。这与以往外语教育中文化教学侧重目的语国家社会与文化的做法大有不同，也体现了跨文化教学提倡的非本质主义观（Holliday 2018）。这是因为，一方面英语作为全球通用语的地位和作用已经得到承认，英语教学中的文化也不再局限于英语国家的文化；另一方面，当今我国的外语教育肩负着增强学习者对中国文化理解、认同和传播的使命（杨华 2021），本研究中教师们的认知显然符合这个时代要求。

对于跨文化交际课教学材料的选取和使用，教师们的认知体现了多种可能，即忠于教材、基于教材和自主选编。这与前人研究中跨文化教学素材缺乏的发现（Cheng 2012）大相径庭。原因在于，以往跨文化内容大都作为外语教学中"渗透"或"融入"的隐性内容，教师们可以参考的跨文化资源也较为有限。而本研究中跨文化内容是教师们教学的聚焦点；此外，在如今跨文化交际学科长足发展的背景下，相关教学资源极为丰富，教师们有更多的选择余地。

对于IC课的教学活动，教师们认同知识讲授作为基础，同时也特别强调互动体验和思辨培养对发展学生跨文化能力的重要性，并往往将后两个方面作为活动开展的重点。这体现了国内近年来跨文化交际教学的趋势之一，即越来越注重将学生个人叙事融入跨文化能力培养，利用学生自身的经历与体验，在课堂创设跨文化互动环境，同时促动他们在反思中发展思辨能力（刘熠 2022）。本研究中教师们对教学活动的认知也体现了他们对包含知识、态度、技能、思辨意识等维度在内的外语教学跨文化能力模型（Byram 2021）的综合理解。

对于在IC课上的角色定位，教师们有时作为传统的知识讲授者，向学生讲解跨文化交际的学科知识，但更多时候是作为引导推进者和共同学习者，超越了以往外语教师"语言解释者"和"课堂掌控者"的角色（严明 2010）。学生跨文化能力的发展是一个逐渐甚至终身的过程，教师的引导和启发在其中有重要且长远的作用；另一方面，教师不可能穷尽跨文化交际涵盖的所有学科，需要有开放的学习态度，在持续学习中不断拓展学科教学知识。

6 结语

基于对12位高校英语IC课教师的访谈及相关质性数据，本研究探究了他们的教学认知，研究结果主要如下：（1）教学内容上，他们注重文化多样性，并始终贯穿中国文化；（2）在教学材料的选取和使用上，有忠于教材、基于教材和自主选编三种选择；（3）关于教学活动的开展，以跨文化交际知识讲授为基础，同时更重视给学生提供跨文化互动体验和思辨培养的机会；（4）对于在这门课上的角色定位，除了知识传授者，很多时候也是引导推进者和共同学习者。

本研究在理论和实践层面都具有重要意义。第一，本研究从教师认知的角度探究显性的跨文化教学，既拓展了外语教师认知研究的范围，也为跨文化教学研究提供了一个新的视角。第二，在当前跨文化能力培养成为外语教学重要目标的背景下，本研究给外语教师开展跨文化交际课程的教学实践提供了参考。第三，本研究对于外语教师在跨文化交际方面的教育和职业发展也提供了启示。未来研究可以从历时角度对教师跨文化教学认知的发展变化及影响因素进行追踪，纵向了解其发展轨迹，教师教育者可以基于研究发现进一步设计、开展更有针对性的教师教育和发展项目，提升教师的跨文化教学能力，最终促进学习者跨文化能力培养目标的达成。

参考文献：

Baker, A. 2013. Exploring teachers' knowledge of second language pronunciation techniques: Teacher cognitions, observed classroom practices, and student perceptions [J]. *TESOL Quarterly* (1): 136-163.

Borg, S. 1998. Teachers' pedagogical systems and grammar teaching: A qualitative study [J]. *TESOL Quarterly* (1): 9-38.

Borg, S. 2006. *Teacher Cognition and Language Education: Research and Practice* [M]. London: Continuum.

Byram, M. 2021. *Teaching and Assessing Intercultural Communicative Competence Multilingual Matters (Revisited)* [M]. Clevedon: Multilingual Matters.

Cheng, C. 2012. The influence of college EFL teachers' understandings of intercultural competence on their self-reported pedagogical practices in Taiwan [J]. *English Teaching: Practice and Critique* (5): 164-182.

Cohen, L., Manion, L. & K. Morrison. 2018. *Research Methods in Education* [M]. London: Routledge.

Díaz, A. & P. Moore. 2018. (Re) imagining a course in intercultural communication for the 21st century [J]. *Intercultural Communication Education* (3): 84-99.

Ghavamnia, M. 2020. Iranian EFL teachers' beliefs and perspectives on incorporating culture in EFL classes [J]. *Intercultural Education* (3): 314-329.

Gong, Y., Hu, X. & C. Lai. 2018. CSL teachers' cognition in teaching intercultural communicative competence [J]. *System* (12): 224-233.

Gu, X. 2015. Assessment of intercultural communicative competence in FL education: A survey on EFL teachers' perception and practice in China [J]. *Language and Intercultural Communication* (11):

254-273.

Gudykunst, W., Ting‐Toomey, S. & R. Wiseman. 1991. Taming the beast: Designing a course in intercultural communication [J]. *Communication Education* (3): 272-285.

Holliday, A. 2018. Designing a course in intercultural education [J]. *Intercultural Communication Education* (1): 4-11.

Larzén-Östermark, E. 2008. The intercultural dimension in EFL‐teaching: A study of conceptions among Finland-Swedish comprehensive school teachers [J]. *Scandinavian Journal of Educational Research* (5): 527-547.

Lessard‐Clouston, M. 1996. Chinese teachers' views of culture in their EFL learning and teaching [J]. *Language, Culture and Curriculum* (3): 197-224.

Martin, J. & L. Chaney. 1992. Determination of content for a collegiate course in intercultural business communication by three Delphi panels[J]. *International Journal of Business Communication* (3): 267-283.

Meijer, P., Verloop, N. & D.Beijaard. 1999. Exploring language teachers' practical knowledge about teaching reading comprehension [J]. *Teaching and Teacher Education* (15): 59-84.

Munandar, M. & J. Newton. 2021. Indonesian EFL teachers' pedagogic beliefs and classroom practices regarding culture and interculturality [J]. *Language and Intercultural Communication* (2): 158-173.

Nguyen, L., Harvey, S. & L. Grant. 2016. What teachers say about addressing culture in their EFL teaching practices: The Vietnamese context [J]. *Intercultural Education* (2): 165-178.

Oranje, J. & L. Smith. 2017. Language teacher cognitions and intercultural language teaching: The New Zealand perspective[J]. *Language Teaching Research* (3): 310-329.

Sercu, L. 2006. The foreign language and intercultural competence teacher: The acquisition of a new professional identity [J]. *Intercultural Education* (1): 55-72.

Wintergerst, A. & J. McVeigh. 2011. *Tips for Teaching Culture: Practical Approaches to Intercultural Communication* [M]. New York: Pearson Education.

Woods, D. 1996. *Teacher Cognition in Language Teaching* [M]. Cambridge, UK: Cambridge University Press.

Xu, W. & K. Zammit. 2020. Applying thematic analysis to education: A hybrid approach to interpreting data in practitioner research [J]. *International Journal of Qualitative Methods* (19): 1-9.

Yigitoglu, N. & D. Belcher. 2014. Exploring L2 writing teacher cognition from an experiential perspective: The role learning to write may play in professional beliefs and practices [J]. *System* (12): 116-124.

Young, T. & I. Sachdev. 2011. Intercultural communicative competence: Exploring English language teachers' beliefs and practices [J]. *Language Awareness* (2): 81-98.

Zheng, H. 2015. *Teacher Beliefs as a Complex System: English Language Teachers in China* [M]. New York: Springer.

冯瑞敏，2016，《英语演讲教师的学科教学知识研究》[M]，北京：外语教学与研究出版社。

高强、张洁，2010，大学英语教师语法教学信念研究 [J]，《中国外语》（5）：77-84。

顾晓乐、赵毓琴，2021，跨文化交际能力教与评的融合 [J]，《中国应用语言学》（2）：241-258。

郭来福，2019，《翻译教师教学能力研究：结构、现状、发展》[M]，北京：外语教学与研究出版社。

韩晓蕙，2014，高校学生跨文化交际能力培养的现状与思考——以高校英语教师为考察维度 [J]，《外语学刊》（3）：106-110。

胡文仲，2006，跨文化交际课教学内容与方法之探讨 [J]，《中国外语》（6）：4-8。

李月娥、石运章，2011，教师对英语口语教学的认知及课堂教学行为的个案研究 [J]，《中国应用语言学》（1）：22-34。

刘熠，2022，融入个人叙事提高学生跨文化交际能力——一项反思教学研究 [J]，《中国应用语言学》（3）：433-444。

邵思源、陈坚林，2011，一项对高中英语教师跨文化交际敏感度的调查 [J]，《外语学刊》（3）：144-147。

索格飞、翁立平、顾力行，2015，我国30年跨文化交际/传播教材的分析性评估(1985—2014)[J]，《外语界》（3）：89-96。

严明，2010，中国外语教师角色的教育文化诠释 [J]，《上海师范大学学报》（哲学社会科学版）（4）：106-111。

杨华，2021，我国高校外语课程思政实践的探索研究—以大学生"外语讲述中国"为例 [J]，《外语界》（2）：10-17。

杨鲁新、高绍芬，2014，大学英语阅读教学现状：两名大学英语教师个案研究 [J]，《中国外语》（1）：62-68。

张淳，2014，中国高校外语教师信念量化研究——基于跨文化交际能力的培养 [J]，《中国外语》（6）：91-95。

张凤娟、战菊，2017，社会文化视角下的高校英语写作教师专业知识研究 [J]，《中国外语教育》（4）：48-54。

张晓玲，2021，我国高校德语专业本土化的内容语言融合教学策略探究—以跨文化交际课程为例 [J]，《外语教育研究前沿》（3）：57-64。

作者简介：

赵富霞，淮阴师范学院外国语学院讲师，博士。研究方向：跨文化交际。邮箱：blueye77@163.com。

（责任编辑：刘立华）

基于PEER模式的英语专业学生跨文化交际能力培养实践研究*

沈乐敏

摘要： 在高等教育国际化的今天，越来越多的留学生涌入中国校园，构建了一个多元文化的国际化校园，也对中国大学生的跨文化交际能力提出了更高的要求。英国学者Holmes和O'Neill在2012年构建了PEER模式，即让本地学生和留学生在跨文化交际过程中通过准备、参与、评估、反思四个阶段的活动，有效促进跨文化交际能力发展。笔者借鉴该模式，并结合中国高校大学生的实际情况做了改进，对所在大学英语专业的39名中国大学生开展了为期半年的跨文化交际能力培养教学实践。通过对学生反思日志和小组访谈数据的梳理，研究发现PEER模式是培养学生跨文化交际能力的有效途径，真实交际情境和教师有针对性的教学任务设计能推动跨文化态度、知识、技能和文化批判意识的发展。

关键词： 跨文化交际能力；PEER模式；教学实践

1　引言

随着全球化、信息化、多元化的不断深入，在构建人类命运共同体的重大倡议下，跨文化交际能力被广泛认为是21世纪人才必备的关键能力之一。2020年颁布的《普通高等学校本科外国语言文学类专业教学指南》（以下简称《指南》）将"跨文化交际能力"作为外语类专业的核心能力指标之一，纳入人才培养规格，提出要"特别突出跨文化能力培养"。《指南》还指出，外语教育要"笃定服务国家发展战略，满足中国文化'走出去'、'一带一路'建设和构建人类命运共同体对外语专业人才和复合型人才的强烈要求……"。由此可见，新时代中国外语教育的目标

* 本文是浙江省教育科学规划重点项目（2021SB125）和浙江省第一批课程思政教学研究项目成果。

已从培养听、说、读、写、译等语言技能转变成培养学生的国际视野和跨文化交际能力。

基于此，我国高校外语教师正面临一个全新的命题——如何在教学中有效培养学生的跨文化交际能力？学者们从跨文化外语教学的途径到课堂教学方式提出了许多值得借鉴的新策略，包括网络和多媒体教学法（孙淑女、许力生 2014）、民族志跨文化外语教学法（付小秋、张红玲 2017）、混合式教学模式（索格飞、迟若冰 2018）等。基于研究，学者们就跨文化交际能力的培养基本达成共识——体验式跨文化教学有助于提升学生的跨文化交际能力。同时，学者们认为跨文化交际能力的培养是一个复杂且长期的过程，不能仅仅依靠课堂教学，还应拓展学习的外部空间（孔德亮、栾述文 2012；葛春萍、王守仁 2016）。这与国外学者提出的跨文化培训理念（Brislin & Yoshida 1994）不谋而合，即"在教育过程中，注重行为能力的培养，更多使用参与性强的体验式方法，注重交际的得体性和有效性"（Littrell et al. 2006：382）。通过为学生提供真实的跨文化语境，国外学者为培养跨文化交际能力开展了许多有效的尝试，如跨文化伙伴计划（Pettigrew et al. 2006）以及通过可视媒体构建线上真实的跨文化接触（Barrett et al. 2013），为跨文化交际能力的发展提供了宝贵的经验。随着我国高校国际化程度的加强，越来越多的留学生涌入校园，这样的现实环境为高校在跨文化外语教学中设计真实的跨文化交际提供了可能。如何充分且有效地利用留学生资源，为我国在校大学生搭建跨文化交际平台，提升其跨文化交际能力是本研究要解决的主要问题。

英国学者Holmes和O'Neill在2012年构建了PEER模式为学生提供真实的跨文化交际语境，让本地学生和留学生在交际过程中通过prepare（准备）、engage（参与）、evaluate（评估）、reflect（反思）等一系列活动培养自身的跨文化交际能力。该模式认为跨文化交际能力不是简单的个体感知能力，而是交际双方在交际过程中表现出来的相互认可的能力。同时，基于对东亚学生的调研（Holmes 2005；Miike 2007），Holmes和O'Neill指出人际交往中的"关系和关联性"（relationship and relationality）对培养东亚学生的跨文化交际能力尤为重要。因此，PEER模式强调"交际"在跨文化交际能力培养上的重要性，提出反思和内省有助于让学生了解自我交际的得体性与有效性。该模式的效果在国际上已得到了一定的验证（Ardichvili et al. 2016）。相较于其他与留学生结对的跨文化交际能力培养方式，PEER模式更注重交际效果，强调通过对交际过程进行反思和内省来培养文化批判意识。然而诚如两位学者在研究中所指出的，PEER模式的构建是完全基于西方视角，缺乏东方理论视角下认识论和方法论的融入。因此，本研究借鉴PEER模式，并结合中国学生的实际情况对该模式进行改进，以所在高校英语专业39名大学生为研究对象，通过一学期的教学实践尝试探讨"PEER"模式在中国应用的教学效果。

2 跨文化交际能力与PEER模式

2.1 跨文化交际能力

联合国教科文组织把跨文化交际能力定义为"对特定文化的充分了解，以及对不同文化成员互动时产生的问题有基本的认识；持有与不同文化背景的人士建立和保持联系的积极态度，以及能与来自不同文化的人士互动所需的技能"（UNESCO 2013：16）。而不同学者对跨文化交际能力构成有不同见解，如Chen和Starosta（1996）认为，跨文化交际能力涉及情感、认知和行为三个要素；Spitzberg（1997）认为，跨文化交际能力包括动机、知识、技能、语境、结果五个要素；我国学者许力生、孙淑女（2013）在吸收中西成果的基础上，提出跨文化交际能力涵盖知识、动机、技能、交流互动和交际结果五个要素；孙有中（2016）综合多元视角，认为外语专业大学生的跨文化交际能力应该包括：对文化多样性的尊重，同理心和批判意识，跨文化理论和分析方法，对所学语言国家历史与现状的了解，文化现象的解析，得体、有效的交际，翻译能力等。

对比国内外学者对跨文化交际能力的研究，不难发现跨文化交际能力是一个复合的概念；同时，学者们对跨文化交际能力包含"知识、态度、技能和意识"四个维度具有基本的共识。而根据Deardroff（2004）对国际知名跨文化交际学者的调查，Byram（1997）提出的跨文化交际能力理论模型被认为最具影响力，并被推荐用来指导外语教学。在该模型的指导下，外语教学中的跨文化交际能力培养应该包括知识、技能、态度和批判的文化意识四个维度，其中批判的文化意识起着核心作用。考虑到本研究的教学实践是在外语教学中开展，因此Byram的跨文化交际能力将被作为理论基础用以培养和评估学生的跨文化交际能力。

2.2 PEER模式

PEER模式是由Holmes和O'Neill在2012年提出的一种跨文化交际能力培养模式。模式要求学生去结交来自不同国度的留学生作为他们跨文化交际过程中的"文化他者"，并要求学生与这些"文化他者"在六周内开展至少六次以上的交际活动，每次不少于一小时。模式包括四个阶段，即准备（prepare）、交际（engage）、评估（evaluate）和反思（reflect）。

在准备阶段，模式要求学生在与"文化他者"进行跨文化接触前，记录他们对"他者文化"的所有假设，包括已有的认知、刻板印象以及可能存在的偏见，同时预估可能会出现的各种问题，以及成功交际需要的技巧。在接下来的真实交际中，学生会发现已有知识对他们的跨文化交际产生影响。第二阶段是交际阶段，学生按要求沉浸到他们与"文化他者"的为期六周的跨文化接触中。跨文化经历就发生在这些"不同社会群体的人们所拥有的不同文化（价值观、信仰与行为）相互碰撞的过程中"（Alred et al. 2002：233-234）。研究者旨在通过这样真实的交际，培养学生的跨文化交际能力，同时也让学生了解自己的跨文化交际能力水平。第三阶段是评估阶段，要求学生在每一次跨文化接触后，记录他们的交际经历以及感想，并运用课堂所学的相关理论对自己的交际实践进行评估。在最后一个阶段里，学生要对他们的跨文化交际经历进行批判性反思，关注他们在和"文化他者"进行交际过程中认知上发生的变化。学生在进行反思时，研究者还要求他们将本阶段所形成的认识和他们准备阶段的认知进行比对，从而进一步帮助学生形成跨文化交际能力。

在Holmes和O'Neill的PEER教学模式中，学生被赋予了极大的自主权，他们既是PEER模式的实践者，也是该模式的研究者。通过四个阶段的实践，学生对自己的跨文化交际能力发展会形成一个清晰的认识。经过实验验证，该模式能有效提升学生的跨文化交际能力。

3 研究设计

3.1 研究对象和研究问题

本研究所在高校是一所应用型本科高校，学校高度重视国际化发展，现有来自20几个国家的近300名留学生，较好的国际化校园环境给PEER模式的实践创造了条件。笔者随机选取了英语专业三年级的一个教学班共39名学生开展了一学期的《跨文化交际》课程教学实践。之所以选择三年级英语专业学生，是因为他们在经历两年的专业学习后大多通过了CET-6或TEM-4等级考试，而我校留学生的入校标准是雅思5.5，从某种程度上来看，两者的语言能力相当。本研究主要想要探讨的研究问题是：基于PEER模式的跨文化教学是否能提升英语专业学生的跨文化交际能力？如果能，那么在跨文化知识、跨文化态度、跨文化技能和跨文化批判意识四个方面分别有怎样的改变？

3.2 教学设计

本研究采用的是基于PEER模式的跨文化外语教学，具体教学过程如图1。在实践开始前，教师将学生随机分为6—7人左右的小组，并在校国际部的帮助下与在校留学生完成结对安排。每小组要求至少和校内两名留学生结对，并在教师的指导下完成不少于六次的基于PEER模式的跨文化主题交际。本研究并不是完全照搬PEER模式，而是结合教学实际对该模式进行了本土化的改革。首先，从学生的学情特点出发，本研究强调PEER模式的实施需要师生合作共同完成。在Holmes的实验中，PEER模式的实施完全依靠学生的自主性：学生不仅是实验的实施者还是研究者。考虑到本研究所在高校为应用型高校，学生的研究能力相对较弱，完全依靠学生自主性来完成PEER模式的实践存在一定的难度。因此，在研究中，师生的教与学都要遵循PEER模式。学生是该模式中的学习者、参与者和实践者，教师是理论提供者、交际组织者、评估协调者和反思督促者。此外，教师通过评价机制的作用，将学生的每一次实践表现、反思日志的撰写纳入考核，最大可能地激发学生的主动性。其次，从教学实践的过程出发，本研究开展的PEER模式是一个循环模式，即每一个跨文化主题都要遵循PEER模式四个阶段进行实践。这样做的好处是一方面帮助学生自己验证对每一个文化主题的知识习得，另一方面也帮助教师根据学生学情及时调整下一阶段教学内容和教学方法。

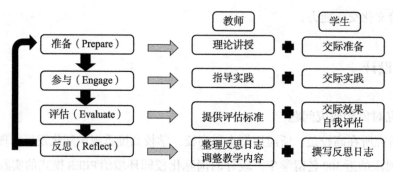

图1　基于PEER模式的跨文化交际能力教学实践模式

3.3 数据收集与分析

本研究主要采用的是质性数据分析法。教师要求参与课程学习的学生在每一次交际实践后，结合课程所学的相关跨文化交际理论反思自己的跨文化交际能力，并在MOODLE教学平台上撰写反思日志。本轮教学研究共收集反思日志202份，其中有效日志189份。同时，为了解课程教学效果，笔者在实验结束后组织了一次学生小组访谈，在征得同意后对访谈进行了全程录音。通过主题分析的方法，对收集到的质性数据进行整理和编码，以期了解在教学过程中学生跨文化交际能力的发展与变化。

3.4 教学实施

在活动开展过程中，39名研究对象按照教师要求完成了不少于6次的基于PEER模式的跨文化主题交际。这些主题包括：完成文化主题调研、共同观看电视电影节目、互访做客、带留学生参观宁波博物馆等。每次活动结束后，学生根据教师提供的评估标准开展自我评估并撰写反思日志。对绝大多数学生来说，这是他们第一次和来自不同国家的人进行交流，因此总体上大家都很积极，也较配合地完成了各项任务。但在研究初期，部分学生可能出于拿高分的考虑，往往按照好的状态来描述自己的跨文化交际过程，因此他们的反思日志撰写不够真实。笔者通过对反思日志示范模板的讲解与分享，以及在教学过程中强调"真实自我评估"对跨文化交际能力发展的重要性，在一定程度上改善了这一现象。

4 研究结果与讨论

从学生反思日志和访谈内容来看，经过一学期PEER模式的跨文化体验学习，该模式对提升学生跨文化交际能力有一定的效果。以下从跨文化交际能力和整体教学效果评价对研究所搜集的数据进行讨论。

4.1 跨文化交际能力

跨文化交际能力主要由态度、知识、技能和文化批判意识组成（Bryam 2021），这一认知得到学界的广泛认可。本研究在分析学生的跨文化交际能力发展情况的过程也将从这四方面进行论述。

4.1.1 跨文化态度

跨文化态度是"一种对异文化好奇、开放的心态，同时不再对其他文化和自身文化持怀疑的态度"（Byram 2021：44）。研究数据显示，学生在经过一学期的PEER模式教学实践后，他们的跨文化态度有了以下改变。

一方面，学生们了解异文化的意愿变得更强。在反思日志中，26名（66.7%）学生提到因为和留学生的接触让他们"更想了解对方国家的文化、历史"，并且表示在将来的学习生活中想有"更多的机会和留学生交朋友"。另一方面，通过时间顺序对学生们的反思日志进行梳理，发现32名（82.1%）学生的跨文化态度在PEER模式下有较明显的改变，这种改变不是一种直线型的发展，而是呈现出螺旋上升的发展态势。这样的发展态势可以概括为以下三个阶段：害怕—犹豫—自信。当然，并不是所有的学生最后都能顺利发展到"自信"阶段。由于语言基础薄弱、性格较为内向、结对学生的配合程度低等原因，少数学生的跨文化交流态度仍然停留在前两个阶段。

在刚接到要与留学生结对完成交际任务时，大多数学生反映出来的交际态度是对这种交流的害怕和焦虑。以学生H（文中所有学生姓名以字母代替）为例，她在最初的反思日志里描述如下。

> 除了和外教讲过话以外，我没有任何和老外交流的经验，所以今天接到这个任务我**有点慌**……**我们组的同学好像也都很紧张**，哪怕口语特别好的……我们对自己的外语不那么自信……

在和留学生接触了三周后，H的反思日志描述了她的态度变化。

> 在这几周的**接触后我感觉没有之前那么怕了**……如果准备充分的话我感觉我还是可以和他们比较顺畅的交流的。**但是你让我随便和他们聊的话我还是有点担心，**这不像和我们同学交流是能够张口即来的，因为很多东西真的讲不来。

在H的最后一周反思日志中，她的跨文化态度有了明显的改变。

> 留学生和我们是一样一样的，我在担心用英语和他们交流不畅的同时，他们其实也会有顾虑，只不过我们的表达方式不一样而已。……这半个学期下来，我感觉**我自信了很多**，我喜欢和留学生交流，**我很享受这个过程**。

H用"留学生和我们是一样一样的"来概括她的感受。这是缘于在共同完成六次PEER模式的跨文化交际体验后，H和留学生逐渐建立起较友好的关系。当H每次为自己频繁出现的"uh,那个"而影响口语流利度又或者词汇量不足而担心的同时，她的文化伙伴（西班牙籍）也同样担心自己的英语发音是否会影响对方的理解。这种相互对交际效果的担心验证了PEER模式强调的跨文化交际能力是一种建立在"相互关联性"上的能力（Holmes 2012）。H在整个活动过程中态度的变化代表了许多学生的跨文化态度的改变——从最初害怕和留学生交流，到慢慢适应但还不能"张口即来"，到最后"享受交流过程"，真实的交际语境给了学生们交流的动力，了解异文化的兴趣，以及对未来开展跨文化交际的积极态度。

4.1.2 跨文化知识

Byram（2021）认为跨文化知识包括对自身文化和他者文化的了解，如行为准则、历史、政治等方方面面，也涵盖跨文化交际理论和交际策略。利用主题分析法对反思日志中呈现出来的知识维度相关数据进行分析，笔者发现PEER模式对学生的跨文化知识带来了如下改变。

第一，拓展了与他者文化相关的知识面。学生反思日志中提及最多的就是跨文化知识的增长，其中教育（15.8%）、节日（13.3%）、礼仪（11.7%）、宗教文化（8.3%）这四方面的知识增长最明显，其他如饮食、政治、文化禁忌等也有被提及。研究发现，跨文化知识的拓展与PEER模式中教师交际主题的设定、结对的留学生国籍以及学生本人的兴趣和个人经历有直接关系。比如，由于教师布置了"教育和文化"的主题调研，所有参与研究的学生对不同国家（尤其是结对学生所在国家）的教育体制、课程设置、评价标准都有了全新的认识。以学生S为例，由于结对留学生来自印度尼西亚，她有机会了解到"宗教是印度尼西亚大学里的必修课程，也让我意识到宗教文化在不同国家的影响"。另外，他者文化知识的掌握也促进了学生跨文化态度的发展，如学生对文化差异有了更明显且直观的认识，并愿意用包容的心态面对这些差异。

第二，掌握了更多跨文化交流的理论和策略。通过PEER模式的实践，学生对抽象的跨文化交流理论和技巧有了形象的认识。如学生S记录如下。

> 上课的时候老师提到刻板印象，当时只是一个概念，但是课后和M（留学生）交流的时候，她提出中国人说话总是很大声，我**突然就意识到这就是她对我们的一个刻板印象**，然后我对老师讲到的刻板印象的负面作用一下子有了深刻的体会……我同时有机会**运用了"移情"技巧**，使我们的交流更顺畅了。

显然，真实的跨文化交际语境加深了学生对跨文化理论和策略的理解，也让学生对"纸上得来终觉浅，觉知此事要躬行"有了真实的感受。

第三，改变了跨文化知识的习得方式。基于PEER模式的教学实践使学生的知识习得方式从被动接受变成了主动认知。在传统的跨文化教学中，知识主要来源于课本或教师讲授，而在PEER模式中，由于交流的对象是来自不同文化背景的留学生，课本里局限的知识已不能满足学生的交际需求。比如学生B在反思日志中描述了她的思考。

> 课本里关于欧美国家的内容比较多……当我发现我要结对的留学生来自印度尼西亚的时候我还是很懵的，因为关于这个国家的文化我之前没有任何了解……我不可能每次都去问老师，所以**互联网成了我学习的一个好帮手**……

为了更顺畅的交际，学生B跳出了她原有的知识习得模式（如看课本或者问老师），而是通过自主学习的方式（如查互联网）以了解交际中必需的知识。像她这样的学生不在少数，在真实的交际中，他们的学习更有目的性，知识的内化也更有针对性。

4.1.3 跨文化技能

跨文化技能包括文化解释与讲述的技巧和文化发现与互动的技巧（Byram 2021）。解释与讲述的技巧是指运用跨文化知识来解释来自他者文化的文献或事件；而发现与互动的技巧则是指能够通过文化实践习得新知识，并运用这些知识、态度和技巧来处理实际交际中出现的问题。真实的跨文化交际有助于提升跨文化交际技能（Apidiale & Schill 2008；索格飞、迟若冰 2018），PEER模式的开展再一次证实了这一观点。

首先，通过交际，学生意识到相同的身势语在不同国家有不同的含义。比如中国学生发现留学生对中国人用手势来表示的数字不能理解，当中国人表示"6"的时候，加拿大学生理解为"喝光"，而印度学生理解为"打电话"，这些发现让学生感觉非常新奇。学生还意识到在语言受限的情况下，身势语是很好的一种交流方式。比如，当中国学生想要和留学生介绍"人中"这一中医概念的时候，"因为不知道如何用英语表达，一度非常焦虑，但是我突然想到了用身势语，所以就指着自己的人中向他描述，然后他也懂了"（学生Z）。

其次，学生明白了语言能力不等于跨文化交际能力。许多学生在开始和留学生交际之前，认为"只要英语好，交流肯定没问题"，但是在交际开展以后，他们逐渐意识到"仅仅英语好，并不一定能开展成功的跨文化交际"。学生在反思日志中频频提到了一些文化负载词，并表示因为交际明白了文化与语言的关系，意识到语言能力只是跨文化能力的一部分。

最后，学生积累了一些跨文化交际策略。例如，在和留学生交流的时候应该"入乡随俗"，即尊重对方的文化，对他们的交际方式采取包容的态度。非常典型的一个案例是许多法国学生会喜欢用贴面吻的方式和关系亲密的朋友打招呼，中国学生在一开始往往表示不能接受，但是随着彼此了解的深入，学生了解到"这是他们表示敬意的一种方式，并且不同国家的贴面吻方式不同"，于是许多学生表示在必要的场合也愿意尝试。再比如，学生还提出了"遇到误解必须要积极沟通"的策略。同样是关于贴面吻的打招呼方式，学生从一开始觉得难以接受，到"和他们沟通，告诉他们我们的感受，并且也尝试了解他们这种行为背后的文化"，通过双方良好的沟通，中外学生之间加深了对彼此文化的了解，也避免了一些会导致双方尴尬的交际行为。

4.1.4 跨文化批判意识

跨文化批判意识是指能够根据自身文化和他者文化的外在显性标准、洞察力、实践和结果来客观评判文化现象的能力，是跨文化交际能力中最核心的要素，而它的培养需要教师的引导（Byram 2021）。在本学期的教学实践中，为了培养学生的跨文化批判意识，笔者设计了一系列文化比对的活动。例如，教师安排中国学生和结对留学生在课后一起观看影视节目并展开观感讨论。相关电影如《面纱》《刮痧》《喜福会》等，以及电视节目《爱情保卫战》《建国七十周年庆典》等被推荐为观看内容。学生的反思日志显示，经过PEER模式的实践，他们的跨文化批判意识得到了发展。

第一，学生意识到不能用中国标准去评价他人。比如观看完《建国七十周年庆典》，学生C在他的日志里分享如下。

> 原来不是每个国家都用我们这样的方式庆祝国庆节，我的法国伙伴给我看了他们庆典，我发现他们的游行真是自由风，没有我们那么整齐划一……我更加爱我们国家了，但是**我也突然明白每个国家庆祝的方式不同，但是这不代表他们不爱他们的国家**，只是不同的表达方式罢了。

许多学生在日志中表达了和学生C相同的感受，在文化比对的过程中尝试重新审视自己的固有观点，也在和留学生交流的过程中意识到不同国家有不同的方式，不能用中国标准来评判他人。

第二，学生开始反思自己在交流过程中用词的选择，意识到文化内涵的重要性。比如，学生意识到"like"一词在中西方文化语境下有不同的释意，如果不表达清楚会带来不必要的误会；再比如中国学生尝试用"red history"和"red heart"来表达他们对国家的热爱，但是对于缺乏中国历史文化背景知识的留学生来讲，这样的表述往往会引起他们的困惑，因此，学生在经历过一段时间的相处后在反思日志里提出用"revolutionary history"和"patriotic heart"这样的词汇会更贴切。

第三，学生还意识到在了解他者文化的时候要有自己的判断能力，不能盲目迷信国外新闻媒体。57%的学生在他们的反思日志里提到了这一点，例如，学生X这样描述他的想法："我们大多数的文化认知来自国外电影，可是在和留学生真实交际后我发现这些电影里其实只是代表西方一些国家过去的现象，并不代表现在，所以要有鉴别性地去接受外国文化。"

4.2 整体教学效果评价

课程结束后，学校教学评价数据显示该课程的评教分数排名在全院前10%，体现了学生对该课程的喜爱度。而通过反思日志和课后访谈我们也发现学生高度认可PEER模式，并希望能有更多的类似课程提供交流机会和平台，让他们开展真实的跨文化交际实践。学生认为PEER模式在培养他们的跨文化交际能力之外，其他主要贡献如下。

第一，点燃了自主学习的热情。在小组访谈中中学生F说："这种真实的交际让我意识到自己知识的不足，所以除了老师上课分享的，我还会去网上查相关的案例……想要把一些困惑弄明白。"F的感慨得到了许多学生的回应，学生表示为了更好地交流，在每次任务之前，他们会特意去搜索对方国家的文化，了解交流方式，以期实现顺畅交流的目的。无疑，这样的交流成了他们自主学习的动力，培养了他们自主学习的习惯。

第二，激发了英语学习的动力。大多数学生在日常生活中并没有和外国人面对面交流的机会，尤其是受性格影响，许多学生缺乏主动交流的胆量。但是在本教学实践中，因为教师把与留学生结对交流作为学习任务的一部分，高度重视学习成绩的中国学生在"逼迫"下，不得不迈出"张口说英语"的第一步。而正是真实的交际让他们意识到自己语言能力的不足，从而激发了他们提升自己英语水平的决心。

第三，增强了爱国主义的激情。学生们在访谈中表示，"因为交流，我们发现许多留学生对中国文化并不了解甚至有误解，所以一种很强烈的宣传中国文化的责任感油然而生。"也有学生在反思日志中提到，通过交际了解了中文在世界上的影响，也发现正是因为中国国力的日益强盛所以吸引了那么多的留学生来中国，这让他们有一种民族自豪感。这些发现与课程设置的初衷不谋而合，在文化对比中，在误解消除中，在国家形象塑造和维护中，我们更加热爱我们的祖国。

5 结论与建议

本研究学习Holmes和O'Neill创建的PEER模式，将它与中国应用型本科高校学生的跨文化交际教学进行了有机融合，开展了为期十六周的跨文化外语教学，取得了较好的教学效果，实现了提升学生跨文化交际能力的目标。诚然，研究还存在一定的局限性，如对学生的跨文化交际能力没有采用测试这样的量化数据分析方法，研究对象的代表性也有待推敲。基于现有研究结论，笔者对未来的PEER教学模式实践提出以下建设。

第一，从PEER模式的接触对象来看，如果高校没有一定的留学生资源，可以尝试与"互联网+"教学深度融合。如可以通过上外的Future Learn平台和学习《跨文化交际》课程的留学生互动；也可以利用Slowly这样的应用程序，鼓励学生结交线上笔友开展PEER模式的实践；还可以建议学生选修国外高校开放的线上课程，从而帮助学生构建起真实的跨文化交际语境。

第二，从PEER模式的教学方式来看，还可以进一步发挥学生的主动性。教师应该运用教学评价等方式激发学生主动学习的热情，为学生创造更多的主动学习的机会。比如，可以利用翻转课堂，让学生在课前完成理论知识的自主学习，而把课堂变成交际过程汇报、答疑、交流的场所。这样，每组学生的跨文化经历都可以分享给全班学生，变成全班共同的经历，在丰富学生的跨文化经历的同时，也培养学生的汇报交流能力，让他们真正成为课堂的主人。

从PEER模式的研究角度来看，本研究主要聚焦的是中国学生的跨文化交际能力自我评估，未来的研究还可以考虑收集留学生的评价意见，从跨文化交际效果的角度评价学生与留学生所开展的跨文化交际活动的"有效性"和"得体性"（Spitzberg & Changnon 2009），从而更全面地了解学生跨文化交际能力发展的真实情况。

参考文献：

Alred, G., Byram, M. & M. Fleming. 2002. *Intercultural experience and education* [M]. Clevedon, England: Multilingual Matters.

Apidiale, S. & L. Schill. 2008. Critical incidents for intercultural communication, facilitator and activity guide [EB/OL]. http://www.norquest.ca/NorquestCollege/media/pdf/centres/intercultural/CriticalIncidentsBooklet.pdf

Ardichvili, A., Lokkesmoe, K. J. & K. P. Kuchinke. 2016. Developing cross-cultural awareness through foreign immersion programs: Implications of university study abroad research for global competency development [J]. *European Journal of Training and Development: A Journal for HRD Specialists* 40(3): 155-170.

Barrett, M. et al. 2013. *Developing Intercultural Competence through Education* [M]. Strasbourg: Council of Europe.

Brislin, R.W. & T. Yoshida, 1994. *Intercultural Communication Training: An Introduction* [M]. California: Sage.

Byram, M. 1997. *Teaching and Assessing Intercultural Communicative Competence* [M]. Clevedon, England: Multilingual Matters.

Byram, M. 2021. *Teaching and Assessing Intercultural Communicative Competence* (2nd ed) [M]. Clevedon, England: Multilingual Matters.

Chen, G. M. & W. J. Starosta. 1996. Intercultural Communication Competence: A Synthesis [A]. In B. R Burlson (ed.). *Communication Yearbook 19* [C]. CA: Sage, 353-383.

Deardoff, D. K. 2004. The Identification and Assessment of Intercultural Competence as a Student

Outcome of Internationalization at Institutions of Higher Education in the United States [D]. PhD dissertation, North Carolina State University.

Holmes, P. 2005. Ethnic Chinese student's communication with cultural others in a New Zealand University [J]. *Communication Education* 54(4): 289-331.

Holmes, P. & G. O'Neill. 2012. Developing and evaluating intercultural competence: Ethnographies of intercultural encounters [J]. *International Journal of Intercultural Relations* 36: 707-718.

Littrell, L.N. et al. 2006. Expatriate preparation: A critical analysis of 25 years of cross-cultural training research [J]. *Human Resource Development Review* 5(3): 355-388.

Miike, Y. 2007. An Asiacentric reflection on Eurocentric bias in communication theory [J]. *Communication Monographs* 74: 272-278.

Pettigrew, T. F., Tropp, T. F & R. Linda. 2006. A meta-analytic test of intergroup contact theory [J]. *Journal of Personality and Social Psychology* 90(5): 751-783.

Spitzberg, B. H. 1997. Intercultural effectiveness. In L.A. Samovar and R. E. Porter (eds.). *Intercultural Communication: A Reader* (8th edn) [M]. Belmont, CA: Wadsworth, 379-391.

Spitzberg, B. H. & G. Changnon, 2009. Conceptualizing intercultural competence. In Deardorff (ed.). *The Sage Handbook of Intercultural Competence* [M]. Thousand Oaks, CA: Sage, 2-52.

UNESCO. 2013. *Intercultural Competencies: Conceptual and Operational Framework* [M]. Pairs: UNESCO.

付小秋，张红玲，2017，综合英语课程的跨文化教学设计与实施 [J]，《外语界》(1)：89-95。

葛春萍，王守仁，2016，跨文化交际能力培养与大学英语教学 [J]，《外语与外语教学》(2)：79-86。

孔德亮，栾述文，2012，大学英语跨文化教学的模式构建——研究现状与理论思考 [J]，《外语界》(2)：17-26。

孙淑女，许力生，2014，大学英语教学中计算机主导的跨文化能力培养研究 [J]，《外语界》(4)：89-95。

孙有中，2016，外语教育与跨文化能力培养 [J]，《中国外语》(3)：1。

索格飞，迟若冰，2018，基于慕课的混合式跨文化外语教学研究 [J]，《外语界》(3)：89-96。

许力生，孙淑女，2013，跨文化能力递进——交互培养模式构建 [J]，《浙江大学学报（人文社会科学版）》43（ 4)：113-121。

作者简介：

沈乐敏，浙江万里学院外语学院副教授，博士，研究方向：跨文化与外语教学。邮箱：slmyss@zwu.edu.cn。

（责任编辑：郑萱）

产出导向法在国际中文文化教学中的应用研究
——以面向中高水平学习者的"昭君文化"阅读课教学为例*

汪家伟　刘君红

摘要： 在国际中文教学中，中高水平中文学习者在语言输出环节常出现"学用分离"和"文化失语"的语言能力发展瓶颈。本研究基于外语教学"产出导向法"理论体系的"驱动""促成"和"评价"教学流程，构建国际中文文化教学模式，并以"昭君文化"阅读课为例，解读中文阅读教学中的文化驱动、促成和评价三个环节，据此提出有助于中高水平中文学习者克服"学用分离"和"文化失语"的教学策略。本研究有助于提升学习者的中文表达水平和中国文化素养，并培养其跨文化交际能力。

关键词： 产出导向法；国际中文文化教学；中高水平学习者；昭君文化

1 引言

随着国际中文教育事业的进一步发展，中华优秀传统文化得到了更好的传播契机。习近平在中共中央政治局会议上强调："讲好中国故事，传播中国好声音，展示真实、立体、全面的中国，是加强我国国际传播建设能力的重要任务。"在中国大国形象逐渐被国际社会认可的同时，中华优秀传统文化在国际舞台上被认知的整体水平却相对较低（光明日报 2015）。因此，在国际中文教学中有效融合语言与文化，实现语言教学中的文化理解是增强国家软实力的时代命题。在中华优秀文化体系中，民族文化汇集着中华民族的特质与风貌，广泛影响特定民族的思想观念、价

* 本文为教育部中外语言交流合作中心国别中文教育调研项目"乍得中文教育调查研究"（21YHGB1021）的阶段性成果及三峡大学外国语学院"一流"本科专业《跨文化交际》课程建设项目。

值取向和行为模式。每一种民族语言都蕴含着特定的文化基因，语言与文化高度结合，在国际中文文化教学中具有重要的应用价值（李秋霞 2016）。本研究以产出导向法（production-oriented approach，简称POA）（文秋芳 2015，2018）为理论框架，结合语言文化教学的特征，构建国际中文文化教学模式，然后以"昭君文化"这一民族文化知识体系为载体，探讨在面向中高水平学习者的国际中文教学中，如何针对"学用分离""文化失语"等现象开展有效文化教学。

2 文献回顾

国际中文文化教学以汉语言文字本体教学为基本内容，强调在语言本体教学过程中，润物无声地实现文化要素和文化知识的教学，以培养学习者的跨文化交际能力为最终目标（陆俭明 2013，2015；李泉 2011；张英 2006）。现有研究表明，多数中高水平中文学习者对中国物质文化的内容习得较快，但对文化行为方式及其背后的文化观念等参悟较难，同时对道德和信仰等中国传统价值观存在刻板印象（王强 2015）。因此，有学者提出"三位一体"教学模式，通过第一课堂开展语言教学和文化意识培养，第二课堂进行语言实践和文化体验（如茶艺、书法等），第三课堂利用网络资源达到巩固提高（范志坚、丁丽 2021）。同时，有学者呼吁建立中国文化词库，实现物质文化、制度文化和精神文化的数字化，从而提高国际中文文化教学的可视化效果（于小植 2022）。

目前，国际中文文化教学研究越来越成熟（赵炜 2020），但国际中文文化教学以综合性研究为主，典型文化案例的微观教学模式和教学方法分析较为欠缺（冯静楠 2020）。面向中高级学习者的国际中文教材里不乏经典文化阅读素材，如草船借箭、完璧归赵、高山流水等等。民族文化基因在文化教学中具有极强的应用价值，是中国传统文化强有力的凸显（李秋霞 2016）。"昭君文化"象征民族团结的"和""合"理念已融入中华民族核心价值观，成为世界共有的精神文明财富。"民族的就是世界的"，在倡导人类命运共同体的当代，关注民族文化传播具有重要价值。昭君文化研究已有七十余年，经历了传承、起步、稳定发展、转型发展4个阶段（甘发根 2020），目前昭君文化研究角度多元，如：文学研究、历史研究、非遗研究、传播视角研究（陈雪、杨春艳 2021）、当代认同研究（冯方 2021）。

国际中文教学的POA应用研究主要包括中高级中文学习者的写作教学（吕海燕、万莹 2021；许希阳、吴勇毅 2016）、口语教学（鲁文霞、朱勇 2021）、综合课教学（刘露蔓等 2020），均关注教学过程中的POA驱动、促成、评价三环节，或以其中某一环节为侧重点开展教学效果分析，如探讨驱动任务设计和材料选择，强调内容、形式、话语结构（季薇等 2020），强调输出促成因素的渐进性设计（曹晓玉 2021），以及检验师生合作评价效度（孙曙光 2020）。POA课文观倡导用"课文教"，而不是"教课文"（王骏 2022），中文作为第二语言的教学法确实值得斟酌与取舍（尹桂丽 2012）。上述研究表明，POA适用于国际中文文化教学，因其在教学理念上强调"学用一体""文化交流""以评为学"，在教学过程上强调"驱动－促成－评价"多循环发展（文秋芳 2018；邓海龙 2018）。POA理论在教学对象和教学目标上不同于任务教学法（TBLT）（文秋芳、毕争 2020），具有融合课程论和二语习得理论、实践检验真理、综合施策、教师主导的中国特色（文秋芳 2017）。本研究基于POA理论体系，自建国际中文文化教学模式，开展"昭君文化"课例教学实践，初步验证这一模式的可行性，以及采用该模式克服中高水平中文学习者"学用分离"和"文化失语"的实践方式，并提出有效的国际中文教学策略。

3 基于POA的国际中文文化教学模式

3.1 POA 教学模式

POA教学模式以"驱动、促成、评价"三个核心要素构成。此教学探索严格遵守POA模式下的"驱动、促成、评价"多循环的教学过程，在教学大单位前提下设置一个大目标，再将大目标分为若干小目标，采用平行推进式，独立的小目标一个个在"驱动、促成、评价"循环下实现（见图1），在逻辑上推进大目标的实现，最终达到学用一体。

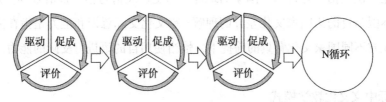

图1　POA教学模式

驱动的理论基础是："输出驱动"假设，不同于Krashen（1985）的"输入假设"，也不同于Swain（1985）的"输出假说"，前者认为可理解性的输入后就会有输出，输出为副产品不是必要条件；后者认为可理解性的输出才能更好促进二语习得，两者都是以"输入—输出"这个模式开展。POA模式则逆转这个模式，即让学生先输出，然后在输出的过程中意识到自己的不足，之后教师再给予指导，帮助学生吸收、运用，同时学生再进行输出，完成"输出—输入—输出"的小循环。

促成的理论基础是"输入促成"假设，"输入促成"假设强调输出的目标性，认为输出是有意识、有目标的，因此十分强调"输入"的针对性、科学性、促成性。这个过程中要强调以"学习"为中心（教育本质）和强调"学用一体"，最终达到大目标，完成产出。

评价的理论基础是"以评为学"假设，评价环节中，对促成环节进行及时评价，以及对产出的结果进行及时评价和延时评价，这个环节贯穿POA始终，强调"师生合作共评"，每次评估必须突出重点，找到主要矛盾。以"评"促"学"，"评""教"结合，促进学习发生质变和飞跃。

POA理论体系目前相对成熟完整，结合国际中文教学展开实证研究，会促进中文教学法的发展，从而提高汉语教学效率，推动中国文化的传播。

3.2 文化意识三维图

文化意识是二语教学中的一个重要内容，包括文化知识、文化理解、跨文化交际意识和能力，前两者都是为了后者服务（见图2）。正确文化意识的形成有利于二语习得，促进学习者对目的语文化深层次理解和提高跨文化交际能力。

图2　文化意识的内容

文化知识是指学习目的与国家的地理、历史、风俗习惯、价值观等；文化意识是指对本国与目的语国家文化差异的理解；跨文化交际意识和能力是指在能够尊重和理解双方不同国家文化背景的前提下，恰当使用目的语进行交际的能力。

3.3 国际中文文化教学模式

本研究在整合以上POA教学模式和文化意识三维图的基础上，构建一个国际中文文化教学模式，如图3。国际中文文化教学模式以跨文化交际目标为中心，所有的教学流程、教学目标以及文化意识的培养都围绕该中心展开。

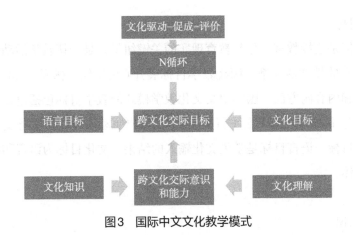

图3　国际中文文化教学模式

3.3.1　教学过程

国际中文文化教学模式遵循POA"驱动""促成""评价"多循环的教学过程，调整内化为"文化驱动""文化促成"和"文化评价"这一多循环，强调文化知识、文化理解和文化交际教学，在语音、语法、语义、语用教学中融入文化意识培养，加强语言和文化关系的研究、对文化的科学分类和实效性做好把控（吕兆格 2022）。教学过程中要展现语言本体地位，从语言知识出发，潜移默化地融入文化教学内容。而在文化主题和文化知识教学中，要强调文化意识，文化教学显性化；从文化知识掌握到文化理解，再到跨文化意识的培养，最终达成跨文化交际这一目标。

文化驱动环节中，通过产出让学生意识到自己文化知识和文化意识的不足，从而调动学习积极性，提高探究的欲望。这个环节让学生发现不足，积极学习，并达到高效输出。因此，在教案设计的时候，要根据相对应的内容制定有挑战性的教学任务，鼓励学生回答，通过完成一个个任务到最后达成学习总目标，因此任务一定要有趣味性和思考性。

文化促成环节中，一定要有相关联的文化输入和文化输出任务紧密连接，从而促成最终输出的效率最大化。在教案设计时要把总目标分为一个个小任务完成，要明确总目标，根据学生的认知能力和水平，小任务尽量要做到有针对性、可理解，老师随时做好答疑者和指挥者，每个文化输出小任务都应该具备"内容、语言、话语结构"，每次小任务根据完成情况应及时提供相应的文化输入材料。

文化评价环节中，要强调"以评为学"，评价一方面能提高教师对教学效果全面认识，一方面是促进学生强化和升华的关键点。在这个环节中，教师要对学生的输出进行及时评价，学生也可以对教师的输入进行评价补充，"评""学"一体，"评""教"一体，让评价成为学习、巩固、强化新的文化知识的机会，使学习发生质变和飞跃。

3.3.2 教学目标

教学目标是连接教育理想与教育现实的关键纽带，是一切教学活动的出发点和落脚点，所有的教学活动都应围绕教学目标展开（杨思佳、杨同用 2019）。教学目标包括行为和内容两方面。国际中文文化教学模式的教学目标包括语言目标、文化目标（内容），跨文化交际目标（行为）。根据输出驱动假设，跨文化交际目标是本节课的主要目标，语言目标是学生文化输入的结果，文化目标为语言和跨文化交际目标提供载体。

3.3.3 文化意识

各层面文化都旨在培养一种文化意识，以提高学生的文化理解、文化认同和跨文化交际能力，意识培养贯穿教学全过程，要具体细致到所有细节（徐敏亭 2022）。从文化知识到文化理解到跨文化交际意识和能力循序渐进发展，达到文化意识的掌握，最终完成文化课堂中的跨文化交际目标。文化的教学要体现语言的、交际的、对外的三个原则（张慧芳、陈海燕 2006），文化意识学习的过程中，文化知识与教学目标中的语言目标和文化目标相辅相成，最终达到跨文化交际目标的达成；文化知识进一步的文化理解也是如此；跨文化交际意识和能力和跨文化交际目标互为佐证，跨文化意识培养和交际目标完成也是一组"理论"与"实践"的具体体现。

4 国际中文文化教学模式下"昭君文化"教学

4.1 教学设计

4.1.1 教学目标

（1）语言目标：学习汉语历史词汇，了解昭君相关诗词，会用语言概括昭君故事。

（2）文化目标：对比中西方审美，整体感悟中国每个朝代美女的特点，明确昭君的时代代表性，以及感悟反思当代的昭君。

（3）跨文化交际目标：在真实场景中使用昭君相关文化词汇，提高汉语交际能力。

4.1.2 任务设计

活动方式为小组合作探究，大产出任务以"我眼中的昭君文化"为话题，从昭君故事、昭君精神出发，搜集、整理相关作品（诗词、戏曲、影视作品等），做好记录。

4.2 教学过程

4.2.1 文化驱动环节

在导入环节中，以"文化输出驱动"假设为理论基础，强调"输出—输入"这一个顺序。要充分设置相关情境，鼓励学生表达，通过输出了解自身不足，制造学习的饥饿感，促进学生学习的欲望。在这一环节中，汉语教师可通过话题进行导入：（1）你喜欢哪位超级英雄？那其中哪位女英雄你最喜欢，她的什么美好品质让你喜欢？（2）你觉得哪位女明星很美？你觉得美女有什么标准？

通过学生们对英雄和美的看法，从已知到未知（建构主义学习观）展开，引入主题。今天有这样一位兼具英雄特色和美的中国历史人物要学习，她就是"王昭君"。紧接着播放一段外国留学生介绍王昭君的视频（从昭君出塞、"落雁"这两个小故事展开），视频中留学生汉语表达流利，用来激发学生学习的紧张感。这时教师提出如下问题（不要求全部都能回答）：（1）视频中讲的是谁？（2）王昭君做了什么？（3）王昭君是一个什么样的人？这时学生对教师提出的问题可能难以表达，从而可能会产生一种急于语言输出的"饥饿感"。这种饥饿感会帮助学生将精力集中于自己想学会的"内容、语言、话语结构"以及"文化内容"。此时教师开始介绍本节课的学习目标，包括语言、文化目标、跨文化交际，让他们聚焦本节课的产出任务——以"我眼中的昭君文化"为话题展开相关资料整理。

4.2.2 文化促成环节

这一环节需要充分发挥教师能动性，不同于传统的以"教师为主导"的课堂，在这一中心环节中，教师需根据学生在驱动环节需要产出的短语、句子，及时补充相关材料，带领学生学习为了输出必须输入的相关材料。为降低"文化失语"这一现象的发生概率，在这一环节中，教师更多充当辅助性作用，同时，不同于以"学生为中心"的教学课堂，此时教师和学生是相辅相成的，可以说本环节是以"学习"这一本质为中心，在这一环节中，教师对学生发生的词汇、语法的错误需及时纠正。有关"昭君文化"词汇较少出现在《国际汉语教学大纲》中，故将相关词汇梳理陈列如表1所示。

表1　《昭君文化》术语

文化主题	文化术语
朝代	夏商周、秦汉、南北朝、隋唐、宋元明清
地域	兴山、内蒙古
作品	诗词、戏曲、舞台剧、电影、小说
精神	和合、自强不息、刚正不阿、兴亡有责、天下大同

这一阶段分为三个小任务。

任务一：分析材料。老师需提前准备相关材料，先是中国各朝代美女的特点，这里以感悟为主，不要求掌握，突出王昭君这一汉代美人的特点；再是准备好王昭君故事的阅读文章，让学生分小组合作，完成如下问题："文章共有几段？""文章哪一段是写王昭君小时候？哪一段是写王昭君的和亲？""能用简短句子概括一下王昭君故事吗？""王昭君有什么精神值得我们学习？"这一部分主要采用图文结合法来进行，以形象直观的图片来让学生更好了解文章内容，增强学生对文化故事的理解。

任务二：整合语料。通过任务一，学生很好地了解了文章的框架和文章内容。下一步就是要学习产出任务里必须涵盖的词汇和文化内容。教师要紧紧围绕主题，根据产出需要，选择"昭君文化"相关词汇进行展示和学习。此时可以展开一首有关昭君的杜甫的诗《永怀古迹其三》，简单讲解完毕后再通过视频播放作品，加深大家对"昭君出塞"故事的了解。此项任务是为了后续大任务的产出做铺垫。

任务三：文化促成。学生已经明确产出任务，同时也整合了相关语料。这个时候可以开展相关文化练习，进一步促进产出结果，降低"学用分离"发生概率。练习主要是为了培养学生的文化意识：（1）一句话概括昭君故事（文化知识）。（2）基于你们国家的文化，你觉得昭君既是一个美女又是一个英雄吗？当代王昭君你觉得有谁？（文化理解）（3）你准备如何介绍王昭君给其他人？（跨文化交际意识和能力）

4.2.3 文化评价环节

在国际中文文化教学中，"教""学""评"一体要贯穿始终。要时刻关注教师教得"怎么样"和学生学得"怎么样"，强调"以评为学"，进行更好的输出—输入。教学活动过程中的学生自评，如回答老师任务一的"昭君故事"，评价的标准围绕"内容""语言""话语结构"这三点展开，自评自己的故事概括能力；教师也可同时给出评价；师生合作共评，如昭君的精神，师生间互相进行评价补充。进行文化教学评价，可以加强学生元认知策略的应用，提升学生的跨文化交际能力。

同时，教学评价可以分为及时评价（课堂中的评价）和延时评价（课后活动或作业的评价），在整个教学活动中起着至关重要的作用。从导入开始，每次学生的输出后要进行及时评价，文化输出驱动—文化输入促成—文化及时评价这一个小循环要时刻把握，评价可以帮教师及时了解教学效果并进行调整，也可以帮助学生了解自己的学习结果。延时评价可以通过以小组为单位互相评价练习来展开，如产出任务：以"我眼中的昭君文化"为主题整理相关资料，教师此时需做好辅助角色，也可以在课后任务完成后师生进行互评。

5 结语

与传统的文化教学模式相比，基于POA的国际中文文化教学模式更加注重文化导入的输出目的性，视词汇、语法等语言知识教学为培养学生文化意识的途径，使学习任务的设计更加充满生活趣味。国际中文文化教学模式贯穿着"文化驱动—文化促成—文化评价"这一N循环，不仅需要在教学设计理念上强调每一个教学小环节紧紧围绕大产出任务，更需要课堂教学中"师生"及"生生"的高度合作。

综上所述，在国际中文教学中，我们可以采用国际中文文化教学模式，达到语言教学的文化输出任务。这一文化教学模式尚需更多课堂教学实证研究不断调整和改善，从而给国际中文文化教学提供一定参考和借鉴。

参考文献：

Krashen, S. 1985. *The Input Hypothesis: Issues and Implications* [M]. London: Longman.

Swain, M. 1985. Communicative competence: some roles of comprehensible input and comprehensible output in its development [A]. In *Input in Second Language Acquisition* [C]. S. Gass. and C. G. Madden (eds.). Rowley, MA: Newbury House: 235-253.

曹晓玉，2021，促成环节的渐进性设计——基于"产出导向法"的对外汉语口语教学实践[J]，《外语教育研究前沿》4（3）：49-56+94。

陈雪、杨春艳，2021，王昭君影视形象传播研究[J]，《三峡大学学报》（人文社会科学版）43（3）：99-103。

邓海龙，2018，"产出导向法"与"任务型教学法"比较:理念、假设与流程[J]，《外语教学》（3）：55-59。

范志坚、丁丽，2021，高校国际中文教育中的文化教学研究[J]，《汉字文化》（23）：95-96。

冯方，2021，昭君精神及其当代青年国家认同研究[J]，《三峡大学学报》43（4）：5-9。

冯静楠，2020，以茶文化为例的对外汉语"产出导向法"教学设计探索[J]，《福建茶叶》42（10）：228-229。

甘发根，2020，讲好昭君故事，弘扬和美文化——兴山县昭君文化研究70年回顾[J]，《三峡大学学报》42（2）：44-48。

季薇、桂靖、朱勇，2020，"产出导向法"教学中输入促成环节的设计与实施[J]，《语言教学与研究》（3）：33-40。

靳小燕，2015，外国人对中国文化认知调查报告[N]，《光明日报》，6月12日。

李秋霞，2016，民族文化基因在语言教学中的价值探究[J]，《教育理论与实践》36（21）：53-54。

李泉，2011，文化内容呈现方式与呈现心态[J]，《世界汉语教学》25（3）：388-399。

刘露蔓、王亚敏、徐彩华，2020，"产出导向法"在海外汉语综合课教学中的有效性研究[J]，《汉语学习》（4）：87-97。

陆俭明，2013，汉语国际传播中的几个问题[J]，《华文教学与研究》（3）：1-4。

陆俭明，2015，汉语国际教育与中华文化国际传播[J]，《同济大学学报》（社会科学版）26（2）：79-84。

鲁文霞、朱勇，2021，产出导向型汉语口语教学中的驱动环节研究[J]，《世界汉语教学》35（3）：422-431。

吕海燕、万莹，2021，基于"产出导向法"的对外汉语记叙文写作教学实践研究[J]，《云南师范大学学报》19（6）：17-27。

吕兆格，2022，基于国际传播的汉语综合教材中的文化研究[J]，《华北水利水电学报》38（2）：61-66。

孙曙光，2020，"产出导向法"中师生合作评价原则例析[J]，《外语教育研究前沿》3（2）：20-27+90-91。

王骏，2022，"教课文"抑或"用课文教"："产出导向法"的课文观[J]，《外语教育研究前沿》5（1）：65-70+91。

王强，2015，外国人对中国文化的认知情况：一项基于留学生群体的调查[J]，《西安外国语大学学报》23（2）：14-17。

文秋芳，2015，构建"产出导向法"理论体系[J]，《外语教学与研究》47（4）：547-558+640。

文秋芳，2017，"产出导向法"的中国特色[J]，《现代外语》40（3）：348-358+438。

文秋芳，2018，"产出导向法"与对外汉语教学[J]，《世界汉语教学》32（3）：387-400。

文秋芳、毕争，2020，产出导向法与任务教学法的异同评述[J]，《外语教学》41（4）：41-46。

徐敏亭，2022，国际中文教育文化教学：应为、难为、可为[J]，《汉字文化》（3）：86-88。

许希阳、吴勇毅，2016，"产出导向法"理论视角下的对外汉语写作教学模式探索[J]，《华文教学与研究》（04）：50-60。

杨思佳、杨同用，2019，对外汉语课堂教学中的目标意识[J]，《教育教学论坛》（1）：5-6。

尹桂丽，2012，对汉语作为第二语言教学法发展的反思[J]，《长江学术》（2）：161-164。

于小植，2022，国际中文教育文化教学资源动态数据库的建设[J]，《沈阳师范大学学报》46（2）：40-48。

张慧芳、陈海燕，2006，对外汉语教学中的文化教学内容和语言文化因素[J]，《社会科学家》（S1）：247-248。

张英，2006，对外汉语文化因素与文化知识教学研究[J]，《汉语学习》（6）：59-65。

赵炜，2020，近三十年对外汉语文化大纲研究述评[J]，《华文教学与研究》（2）：71-77。

作者简介：

汪家伟，三峡大学文学与传媒学院硕士研究生。研究方向：国际中文教育研究。邮箱：2218575939@qq.com。

刘君红，三峡大学外国语学院副教授，博士，硕士研究生导师。研究方向：应用语言学、跨文化交际、社会语言学。邮箱：liujunhong@ctgu.edu.cn

（责任编辑：史兴松）

赴阿拉伯国家中文教师跨文化适应问题及对策研究*

马鹏程

摘要： 随着中文教育在阿拉伯国家的开展，赴阿中文教师群体日渐壮大。然而，中阿文化差异使赴阿中文教师的跨文化适应问题十分突出。本文通过参与式观察和深入访谈来理解25名受访者跨文化适应经历。研究发现赴阿中文教师主要面临五大适应问题：热带沙漠气候顺应、赴阿生存挑战、中阿教育理念冲突、阿拉伯–伊斯兰社会文化适应、回任适应。本文结合研究发现和政策文献提出了解决赴阿中文教师跨文化适应问题的对策。

关键词： 阿拉伯国家；中文教师；跨文化适应

1 引言

阿拉伯国家是指以阿拉伯语为官方共同语，以伊斯兰教为宗教信仰，以阿拉伯国家联盟为政治同盟的西亚、北非国家，具体包括沙特、阿联酋、埃及、苏丹等22个国家。中国同阿拉伯国家间的交流和友谊历史悠久。近年来，"一带一路"倡议与阿拉伯国家"向东看"的外交重心高度契合，目前22个阿拉伯国家中已有21国与中国签署共建"一带一路"合作文件，中文在这些国家普遍受到欢迎，随着阿联酋、埃及、沙特等颇具地区影响力的阿拉伯国家将中文纳入国民教育体系，赴阿拉伯国家中文教师（以下简称"赴阿教师"）数量快速增长。

然而，阿拉伯国家的自然条件、社会文化、民族构成和教育制度等都十分特殊，适应当地文化并非易事。赴阿教师对阿拉伯国家普遍缺乏了解，甚至存在不同程度的刻板印象，这加剧了他们的跨文化适应问题。尤其是在新冠肺炎疫情在全球

* 本文为中国外语战略研究中心2022年度"世界语言与文化研究"课题研究成果。

肆虐期间，赴阿教师承受着比以往更为严峻和复杂的考验，需要付出更多的努力和技巧才能在情感、行为、认知等方面不断适应新的文化环境，确保中文教学工作的顺利开展。区域国别研究是人文社科的基础性学科，而对异国文化的适应又是赴外教师生存、生活和工作的前提。因此，对赴阿教师跨文化适应问题加以关注具有理论和实践的双重意义。

2 研究设计

本研究目的在于发掘赴阿教师跨文化经历中遇到的切实问题并探讨其应对策略。结合跨文化适应相关定义和国际中文教育情境可以将赴外教师的跨文化适应界定为：个体进入新环境后通过自我调整并与他人互动不断融入新环境、达到身心舒适状态的过程，这种调整可能是对外部压力的被动应对，也可能是为了提高工作成效和自我实现的积极调适，国际中文教师的跨文化适应关系到语言文化传播工作成效和教师个人的专业发展。正是由于跨文化适应的动态性、长期性、情境化等特点，使得以"追求复杂、多样、模糊性"（陈向明 2000：4）为目标的质性研究方法十分适合本研究。本研究将采用以下具体方法作为资料搜集和分析的手段。

2.1 田野调查与民族志

质性研究强调"研究者深入到研究对象之中，通过亲身体验了解研究对象的思维方式，在收集原始资料的基础之上建立"'情境化的''主体间性'的意义解释"（陈向明 2000：1）。笔者在阿拉伯国家工作六年，对一些阿拉伯国家有着直接感受与经验。同时笔者工作期间曾负责赴阿教师到岗后的岗前培训和外联外宣工作，保持着对自身及其他教师跨文化适应问题的记录和反思。另外，在本研究搜集资料的过程中，笔者再次赴阿联酋进行了三个月的实地调研，历经新冠肺炎疫情，在此期间的观察日志反映了特殊时期的适应问题。

2.2 质性访谈

本研究在选取研究对象前拟定了质性访谈提纲，访谈问题围绕受访者的"背景信息（比如人口统计特征、赴任国别和时间、工作状态等）""跨文化适应问题（比如社会文化、人际交往、工作等方面遇到的困难）"和"应对策略"三大主题进行，每次访谈时长为40—75分钟。研究者在整理访谈资料的过程中，还会针对有待澄清或进一步挖掘的问题再次联系受访者进行交流。本研究采用分层目的抽样确定访谈对象，先后选取25名受访者，他们的基本信息见表1。

表1　受访者基本信息

国别分布	受访者编号及性别	赴阿时长	年龄分布	所在机构	备注
苏丹：8人（32%）	S1（男）S2（男）S3（女）S4（女）S5（女）S6（女）S7（女）S8（女）	0—1年：12人（48%）	24—29岁：16人（64%）	孔子学院及其教学点：15人（60%）	S1、S3、T2为穆斯林
阿联酋：7人（28%）	U1（男）U2（女）U3（女）U4（女）U5（女）U6（女）U7（女）	1—2年：7人（28%）	30—35岁：6人（24%）		
埃及：6人（24%）	A1（男）A2（女）A3（女）A4（女）A5（女）A6（女）	2—3年：3人（12%）	36—41岁：2人（8%）	当地高校：3人（12%）	
沙特：2人（8%）	T1（男）T2（女）	3年以上：3人（12%）	42岁以上：1人（4%）	当地中小学：7人（28%）	
摩洛哥：2人（8%）	M1（女）M2（女）				

本研究的国别选取与阿拉伯亚文化分类基本一致，阿拉伯亚文化群一般分为新月沃地（the Fertile Crescent）、埃及、西阿拉伯地区、非洲阿拉伯地区以及阿拉伯半岛（Mazen 1991）。研究对象中赴阿教师的赴任国位于新月沃地以外的全部阿拉伯亚文化地区。[①]

本研究以扎根理论（Grounded Theory）作为资料分析的手段，目标在于形成一个良好的概念集合，以便解释研究中的现象（Corbin & Strauss 1990）。具体分三步对数据进行处理：（1）转写访谈录音和整理质性资料（研究日志、反思、图片等），以便进一步的分析；（2）根据访谈内容对其编码，不断对具体的适应问题进行类属划分和浓缩，共提炼出5大主题；它们组成了后文"赴阿教师跨文化适应的主要问题"的内容；（3）结合5大主题下的具体问题，与访谈之外的质性资料进行比对，在此过程中尤其关注具有阿拉伯特色的跨文化适应问题并思考其解决策略。来自赴阿教师（包括研究者自己）"解决问题的成功经验"为后文"赴阿教师跨文化适应问题的对策"中的"个人层面"提供了重要参考。访谈中"他者"的声音和民族志中"自我"的反思形成了一种对照，研究结论能够因此获得"局外"和"局内"视角的互证。

---

① 处于新月沃地的阿拉伯国家多尚未形成较有规模的官方中文教学。

3 赴阿教师跨文化适应的主要问题

跨文化适应具有多维构面，跨文化经历者的适应问题体现在不同层面。目前比较通行的跨文化适应问题构面划分有Searle和Ward（1990）的"心理适应"和"社会文化适应"；Black等人（1991）的"一般适应""工作适应""互动适应"。这些划分未曾关注阿拉伯国家的文化情境，本研究在借鉴相关构面表述的同时，以赴阿教师跨文化适应问题的实际情况进行类属划分和表述。

3.1 热带沙漠气候顺应："顺其自然"

超过一半的赴阿教师不同程度地表示了对阿拉伯国家气候有着特殊印象。S4曾赴苏丹、波黑和爱沙尼亚三国任教，她在对比三段赴外经历时表示"苏丹的天气是最考验人的，每天我都会喝大量的水，可是一出门还是觉得渴"；赴沙特教师T1感慨地表示"今年2月下了一场雨，可是转瞬即逝，下一场雨又是一年之后了"；一些体质敏感的教师发现"在当地工作的身体消耗更大"；一篇题为《燃烧的喀城》的文章，记录了赴阿教师对自然环境的"顺应"状态："曾住在天台，房屋受阳光直接暴晒。洗澡是不需要热水器的，甚至要看好时间，时霭霭而诵经起，速速洗澡才不至于被'烫'到。"

阿拉伯国家位于西亚、北非地区，该地区纬度较低，赤道贯穿而过。这决定了阿拉伯国家多为热带沙漠型气候，常年干旱少雨，撒哈拉沙漠、阿拉伯沙漠和利比亚沙漠均位于阿拉伯国家境内。由此便不难理解赴阿教师突出的气候适应问题。然而，面对无法改变的自然环境，教师除了加强身体防护和保养外，更多是采用积极的态度来"顺应"环境。教师口中"顺其自然"其实包含了两层意思，第一层"自然"是自然环境的意思，第二层"自然"才是本意"自然而然"的意思。同一个词形象地概括了赴阿教师无可奈何却又乐观的心境，比如，教师A2表示："虽然我经常被热得一身汗，但是我也觉得出汗也挺好的，排毒嘛，自然环境其实是可以克服的。"

3.2 赴阿生存挑战："适者"方能"生存"

与欧美国家或中国相比，不少阿拉伯国家的经济基础薄弱。与东南亚国家相比，阿拉伯国家与中国的生活方式更为不同。艰苦的物质条件与新颖的生活方式共同作用，构成了赴阿教师面临的生存挑战，主要表现在与衣食住行密切相关的事项上。很多在赴阿教师眼中"不应成为问题"的"问题"令他们措手不及，例如购买日用品、吃绿叶蔬菜、使用网络、乘坐交通工具等。同样是解决立足当地的生存问题，本研究中赴北非国家教师反映出的问题更多指向物质匮乏，而调查过的两个西亚国家——沙特和阿联酋——经济水平较高，当地教师谈及更多的文化冲击。表2是不同地区教师在生存问题上的对比。

表2　赴西亚、北非中文教师跨文化适应问题比较

地区/国别		适应问题	问题指向
西亚	阿联酋	U1：要办理各种手续，不知道怎么办、去哪儿办，但不办就没法发工资，就没有水、电。	信息差和宗教带来的文化冲击。
	沙特	T2：我老公必须陪着我来，尽管我也是穆斯林，但在穿着习俗方面仍有很多不习惯。	
北非	埃及	A3：公交车很破旧，没有站牌，也没有语音播报，我觉得安全都成问题。	生活条件带来的不便。
	苏丹	S1：我住的房间设施很差，好几个月都在漏水，每天都要不停地清；S6：没有石油，停电是常事，石油和电是基本的生活保障，一旦没有，一切都无法运转。	
	摩洛哥	M2：我被分在一个偏远的教学点，住处没有wifi，手机流量就固定的几个G，只能省着用，看电影、和家人朋友聊天都不行，让我很郁闷。	

由于所学专业的原因，绝大多数赴阿教师很早就知道跨文化经历有"蜜月期""休克期"之类，可有一些教师表示：感到蜜月期一下就"消失"了。其原因主要在于心理预期与亟待解决的生存问题形成强烈反差，一系列带有"紧迫性"的适应问题很容易引发心理上的"休克感"。但是，此类适应问题随着时间的推移和经验的积累呈现逐渐淡化的趋势，比如，很多教师一旦解决了住房问题，便觉得"安下身来""松了一口气"。对于大多数赴任一年半以上的教师，他们已经能够得心应手地处理各种生活问题，甚至表示从中得到了锻炼。

3.3　中阿教育理念冲突：赴阿教师工作中心取向的集中体现

根据Hofstede（1983）"文化维度理论"中"不确定性规避"维度的内涵，阿拉伯国家的不确定性规避指数（uncertainty avoidance index）较低。阿拉伯文化通常具有乐天知命、时间观念淡薄的特点，这与追求不确定规避的中国人形成了反差，赴阿教师体现出强烈的工作中心导向。他们的工作适应问题成为整个研究过程中最为突出的部分。

赴阿教师一般都有着"志愿者""中文传播者""中国文化形象代言人"等身份标签，工作责任感较强，而当他们的教育理念不能很好地在阿拉伯国家践行时，往往会引发教育理念的冲突。比如阿拉伯幼儿园和小学阶段的教育强调解放天性，这本是一个容易被接受的现象，但由此竟会引发中文教学工作中的双重矛盾：一方面，部分赴阿教师认为她们应该像中国幼儿园那样带领孩子们"跑跑跳跳"，可是却发现当地教师身穿黑色长袍，行动相对不便；另一方面，部分赴阿教师仍然习惯于教师主导课堂，由此引发阿拉伯教师的质疑。

到了中学阶段，阿拉伯教育普遍实施男女分校，宗教教育和以《古兰经》为主要内容的阿拉伯语教育的比重增加。当肤色、面孔、行为举止都与众不同的中国教师出现在单一性别的课堂上时易出现一些情况。

> S7：那些小女孩看到我来了，可能是没见过我这样的女老师，都冲上来抱我、摸我的头发，这个摸完那个也要摸，都上课了还抓着我的头发不放。
>
> U3：你首先得管住课堂，这是我目前觉得最重要的，没有课堂纪律，一切都等于零。

到了成人教育阶段，宗教习俗已经在学生身上产生了根深蒂固的影响，课堂教学有时要让位于宗教，这有时会影响到教学的持续性和教学效果，比如学生在课堂上要求下课去做礼拜。在一些中文项目开设时间较短的机构或学校，还存在对中文不够重视的问题。另外，由于一些阿拉伯国家教育深受欧美教育体制影响，部分学校实行"董事会"制度，家长在教育过程中有很大的发言权，有的教师不熟悉阿拉伯教育制度和教育理念，一些自认为是对学生负责任的做法可能会引发来自家长的投诉。以上情况都会令一些赴阿教师为中文及中文教师的地位感到不平和委屈。

3.4 阿拉伯－伊斯兰社会文化适应：在互动中融合差异

与生存挑战在阿拉伯国家的独有性和紧迫性不同，社会文化适应问题几乎在任何跨文化经历中都会出现，社会文化适应问题主要是指个体因东道国与母国之间因文化距离（Culture Distance）产生的不习惯，尤其表现在人际互动中，比如阿拉伯人与中国人的时间观念差异。由于地理位置相近，赴摩洛哥教师M2有机会在欧洲旅行，同时也观察到很多欧洲人来到摩洛哥生活、度假，她对比了欧洲人、阿拉伯和中国人的生活节奏。M2认为，欧洲人和阿拉伯人的生活和工作节奏较慢，而中国人的节奏较快。

然而，本研究也采访到一些穆斯林教师，他们对阿拉伯的社会文化尤其是宗教文化、人际互动表达出更多的理解。比如当很多教师抱怨阿拉伯人的时间观念淡薄并且将其原因归结为宗教时，穆斯林教师则从不同的视角表达出更多的包容。

> S3：这可能是阿拉伯人自己的习惯，和宗教信仰无关。穆斯林做礼拜，都是要按时做才最好，在该礼拜时不礼拜而去做别的事是不吉利的，其实这对于时间观念反而有增强的效果。这种与人相处的时间观念可能还是大环境造就的吧，他们一直生活在慢节奏里，自然而然就习惯了安逸的生活，大环境这样，一个人表现出特别快的节奏反而显得与这个环境格格不入。

3.5 回任适应：一个亟待重视的问题

根据跨文化适应的"W形曲线"假说（Gullahorn & Gullahorn 1963），旅居者在经历了海外跨文化适应的"U形曲线"后，回到国内会再次面临一系列的回任适应问题。本研究中，有的教师已经离任，还有不少教师因为疫情的原因暂时回到国内，他们当中几乎每一位受访者都反映了自己的回任适应问题，有教师甚至认为回任适应才是他们真正的问题。

> S2：我回来后发现，居然很难适应国内的生活了，我真的觉得咱们的生活节奏太快了、竞争和压力都太大了。尤其是刚回来的时候，出门看到大家都低头看着手机，觉得自己格格不入。
>
> U7：我到现在都没有找到工作，年龄也一天天大了，很多工作都有年龄限制，自己也进不去。现在都要考试，感觉自己也考不过那些长期复习的。
>
> A3：唉，对这几年的经历什么感觉呢？虽然想想也挺美好的，但还是感觉青春不再，时光飞逝。

不难看出赴阿教师回任后在重新适应国内的变化、再就业、个人发展、心理归属等方面普遍存在问题。可是，目前国内还鲜有研究关注赴外教师的回任适应问题。师资问题是制约国际中文教育发展的瓶颈，一方面是从事本专业的汉语国际教育硕士数量的不足，另一方面是积累了宝贵经验的回国教师的散失。由此造成的人力资源浪费令人惋惜，为了国际中文教师队伍的良性构建，亟须加强对中文教师回任适应问题的关注。

4 赴阿教师跨文化适应问题的对策

为了帮助赴阿教师更好更快地习惯当地生活，高效完成跨文化传播工作，尽早建立起多元文化意识并获得专业发展，可以从利益相关者的角度思考如何提升赴阿教师的跨文化适应水平。

4.1 赴阿教师个人层面

首先要提前了解赴任国情况，在物质和跨文化技能方面做好准备，形成合理的心理预期。其次，面对文化冲击时，尽量以积极心态理解文化差异，尤其要尊重当地的宗教和民俗文化，正视自己的跨文化经历。Kim（2008）认为，跨文化适应过程是一个不断应对压力的过程，但压力并不总是负面的，个人在应对压力的同时也获得了成长。本研究中的不少受访者都表示，自己正是在紧张的心情和艰苦的环境中极大地提升了生活和工作技能。最后，教师个人应注重培养跨文化敏感和多元文化意识。Bennett（1993）认为，跨文化敏感性是从"民族中心主义"（ethnocentrism）发展至"民族相对主义"（ethnorelativism）的关键。只有形成跨文化敏感，赴阿教师才能感知中阿文化差异，为理解阿拉伯文化打下基础。

4.2 阿拉伯当地中文教育管理层面

受集体主义文化和工作中心取向的共同影响，赴阿教师跨文化适应的最终落脚点是同事、师生关系和工作效能。作为赴阿教师最直接的管理机构，阿拉伯当地孔子学院、中文系等教育部门需要努力创设兼具多元包容和归属感的组织文化，营造互帮互助的团队氛围。笔者曾与一位获得"全球孔子学院先进个人"荣誉的阿拉伯国家孔院院长谈到这个问题，该院长表示，阿拉伯国家缺乏娱乐，对于年轻的教师会显得枯燥。作为院长，需要做好内部建设，一个好的院长应该是"三长"——院长、师长和家长。

跨文化适应研究表明，社会支持资源可以有效地提升适应水平，阿拉伯当地管理机构应该为赴阿教师提供不同类型的支持网络，比如从支持来源上可以从同胞支持和东道国支持入手，前者能够有效地提升心理健康，而后者则能降低在异文化中的不确定感；支持资源的类型又可以从物质支持、信息支持和情感支持入手，切实解决赴阿教师不同类型的适应问题。

4.3 国内培养和选派单位层面

教师是海外中文及中国文化传播各项具体工作的直接承担者，他们的跨文化适应直接关系到国际中文教育的工作成效。赴外教师的跨文化适应问题贯穿于各个阶段——岗前、岗中和岗后。然而，目前国内教师培养和选派单位更多是在"岗前阶段"关注教师问题，主要涉及人才培养和岗前培训，即便如此，还是存在重专业知识和技能、轻跨文化能力的情况。以笔者近年来参加过的赴外教师岗前培训内容来说，一些环节如"试讲＋同伴评课"早已在专业学习阶段就反复练习。还有一些内容流于形式，实用价值不大，如"恐怖袭击模拟演练""茶道表演""太极拳练习"。因此，岗前阶段可以增加跨文化技能（如阿拉伯日常用语）、国别化信息（如不同国家的气候和学生特点，最好由富有一线经验的教师进行培训）、心理保健（如压力应对技巧）等内容。

与岗前培训中的不足相比，我国国际中文教师培养和选派单位在"岗中干预"和"岗后保障"方面更加需要完善。比如，海外教师表示自己在遇到教学工作之外的问题时，并不清楚应该如何寻求帮助；一些教师反映，负责自己所在国家的"项目专员"一旦更换便容易出现双方缺乏了解、沟通不畅；本研究中受访者表现出的"回任适应问题"也在很大程度上反映了"岗后保障"的缺失。造成这种局面的根本原因还在于，培养和选派单位无法跳出传统的教育者立场，比如，不少教师研究在"胜任力"主题下不断对教师的素养、专业知识、技能提出要求，很少关注国际中文教师的就业、生存状态、毕业流向、在海外期间的心理和家庭问题等。赴外教师是掌握了语言知识和教学技能的专业人员，但同时也是有着喜怒哀乐和各种烦恼的普通人。

2020年7月5日，教育部中外语言交流合作中心正式设立，国际中文教育机构的运作将更加民间化和专业化，在新形势下，国际中文教师管理及其研究可以更多借鉴管理学理论和方法，营造更具归属感的组织文化。一个行业要吸引优秀的人才在平凡甚至艰苦的岗位上甘之如饴，不仅需要无私奉献的志愿者精神，更需要为每一位从业者提供切实的保障，创造有利于专业发展的组织环境。

5 结语

尽管近年来阿拉伯国家已经形成"中文热"，但阿拉伯国家的中文教育仍处于创业阶段。作为异乡人和创业者，赴阿教师的跨文化适应是其生存的前提和工作成效的保障，影响着中文教育在阿拉伯国家长远开展。作为一名在阿拉伯国家工作多年的教师和国际中文教育方向的研究者，笔者认为，正视并研究赴阿教师的适应问题是促进阿拉伯国家中文师资良性发展的关键。本文通过田野调查和质性访谈搜集了西亚、北非5国中文教师的资料，从"自然环境""生存挑战""教学工作""社会文化"和"回任适应"5个方面概括出他们的跨文化适应问题并提供了解决策略。然而，目前有关阿拉伯国家中文教育的研究还十分稀缺，笔者希望借本文抛砖引玉，看到更多更为细致、深入的研究。

参考文献：

Bennett, J. M. 1993. Towards ethno-relativism: A developmental model of intercultural sensitivity [A]. In M. Paige (ed.). *Education for the Intercultural Experience* [C]. Yarmouth, ME: Intercultural Press, 21-72.

Black, J. S., Mendenhall, M. & G. Oddou. 1991. Towards a comprehensive model of international adjustment: An integration of multiple theoretical perspectives [J]. *Academy of Management Review* (2): 291-317.

Corbin, J. & A. Strauss. 1990. Grounded theory research: Procedures, canons, and evaluative criteria [J]. *Qualitative Sociology* (1): 3-21.

Gullahorn, J. T. & J. E. Gullahorn. 1963. An extension of the U-curve hypothesis [J]. *Journal of Social Issues* (3): 33-47.

Hofstede, G. 1983. National cultures in four dimensions: A research-based theory of cultural differences among nations [J]. *International Studies of Management and Organization* (1-2): 46-74.

Kim, Y. Y. 2008. Intercultural personhood: Globalization and a way of being [J]. *International Journal of Intercultural Relations* (4): 359-368.

Mazen, H. 1991. Assimilation in American life: An islamic perspective [J]. *The American Journal of Islamic Social Sciences* (1): 83-97.

Searle, W. & C. Ward. 1990. The prediction of psychological and sociocultural adjustment during cross-cultural transitions [J]. *International Journal of Intercultural Relations* (4): 449-464.

陈向明，2000，《质的研究方法与社会科学研究》[M]，北京：教育科学出版社。

作者简介：

马鹏程，博士，西北师范大学国际文化交流学院讲师。研究方向：国际中文教育、跨文化交际。邮箱：Mazen87@163.com。

（责任编辑：侯俊霞）

基于评价理论的联想公司英文企业年报的人际意义分析

黄志华 刘沙沙 钟玉兰

摘要： 随着信息技术的日新月异，人类的沟通方式发生了很大的变化，商务沟通越来越方便，沟通方式也呈现多样化。企业年报是企业展示自己企业价值与形象的一个机会，人际意义关注人们在语言交际过程中如何表达态度并试图影响他人的态度和行为，因此，对企业年报的人际意义研究有着重要的意义。本文采用定量与定性结合的研究方法，以联想2020年英文企业年报为研究对象，建立语料库，在UAM Corpus Tool的帮助下进行人工标记，用评价理论分析联想企业年报评价资源的分布特点及人际意义的传递。年报中积极的态度资源不仅传递重要企业信息，而且有益于与读者建立良好关系。级差资源旨在提高语言的感染力，向读者传递积极友好的人际意义。介入资源表达了企业的立场，向读者有力地传递了可信赖的信息。本研究为英文企业年报的撰写提供了一些启示，以帮助企业更好地树立企业形象。

关键词： 评价理论；人际意义；企业年报；语料库

1 引言

随着信息技术的升级，人类的沟通方式发生了很大的变化，特别是在商务领域，商务沟通越来越方便，沟通方式也呈现多样化。作为公司传递经营现状、资产负债和收入等重要内容的企业年报，通过向大众传递积极可靠的财务信息为企业在公众中树立了正面的企业形象。因此，对企业年报的人际意义研究有着重要的意义。人际意义是人际功能在语言交际过程中所表达的意义，它关注人们在语言交际过程中如何表达态度并试图影响他人的态度和行为。联想集团作为中国信息产业内多元化发展的大型企业集团，是一家富有创新性的国际化的科技公司，从1996年开始，联想电脑销量位居中国国内市场首位。因此，作为全球电脑市场的领导企业，联想的企业年报对于研究中国上市公司如何通过语言资源实现人际意义的构建，从而在国际社会树立中国企业形象具有一定的代表意义。

2 评价理论及企业年报研究现状

2.1 评价理论

Martin 和 Rose（2023）认为评价理论是关于评价的，即语篇中所协商的各种态度、所涉及的情感的强度以及表明价值和联盟读者的各种方式。Thompson 和 Hunston（2000）认为评价理论的功能是：表达作者或发话人的观点，反映价值观念系统；建立并保持交际双方的关系；建构语篇。评价理论在国内的研究可以追溯到 21 世纪初，王振华（2001）系统介绍了评价系统产生的缘由、背景、理论框架及其运作，为国内学者了解和运用评价理论做出了突出贡献。此后，评价理论在国内的影响力日益增强，学者在吸收其创新性的同时，也认识到它的局限性，并提出了完善该理论的可行建议。王振华（2003）运用定性研究方法，以评价系统理论为理论基础，以言语者的介入为研究对象，研究语言互动中言语者的"介入"原则，这与马丁的评价理论中的"介入"不同。李战子（2004）则指出了语境在评价资源鉴别中的重大意义，对评价理论的完善做出了重大贡献。她指出，当我们分析态度的人际功能时，应该考虑读者的定位。此外，她还说明了从语气、情态到评价的"连续统"路径，对理解功能语法的语义观，以及在话语分析时对人际意义作综合考察有着重要的意义。王振华和马玉蕾（2007）提出要判断一个理论是否有魅力，需考察它有没有创新意识、一致性、概括性、解释力和通俗性，而评价理论基本具备这些特质，足以说明评价理论的价值和实践性。徐玉臣（2013）在回顾中国的评估理论研究的同时，提出了对评价理论研究的展望，认为评价理论可以从精密度、语义学视角、研究的方法论等多个方面进行进一步的研究。

Martin 和 White（2005）指出，评价理论主要包括态度、介入和级差三个子系统，态度是核心子系统，表达说话者对人或事物的感情，包括情感、判定和鉴别三个子系统。情感表示说话者对人或事物的感情反应和倾向，涉及三组变量，即高兴／不高兴、安全／不安全、满足／不满足，但是彭宣维（2015）提出了四个维度：意愿性、愉悦性、满意性、安全性。本文采用彭宣维提出的四维度，因为意愿性维度可以看出企业的态度或是决心，可增加读者对企业未来发展的判断，且相比三维度更加全面。判定是指依据特定的社会规范对人类行为做出评价，主要由社会评判和社会约束实现。鉴别是指依据美学原则社会价值观做出评价。介入系统用于分析态度来源，收缩性介入主要通过说话人的改动、干预或反对表达对另一种声音的质疑或拒绝；扩展性介入则通过引入他者的声音认同或容忍不同的观点。级差指态度的增衰，分为语力和聚焦，语力涉及对强度和数量的评价，聚焦则是把不可分级的事物变成可分级事物。

在研究评价理论的同时，国内外学者将评价理论运用到研究各种话语，如新闻、法律话语、学术话语等。例如，曹曼和吴虹（2020）基于马丁的评价理论，选取了4条白宫和12条世卫组织关于新冠肺炎疫情的报道进行定量和定性分析，试图分析语料库中态度资源的分布规律从而解释新闻报道背后的态度。王振华（2006）运用系统功能语法的三个元功能理论和语言评价理论探究罪犯自首的个案是否符合法律层面上的自首要求，提出语言学分析运用于司法领域有助于保证司法的公平性并有助于实现司法公正。Savolainen（2016）对约50项关键研究进行了概念分析，发现会引起情感障碍出现的因素，以及从评估理论的角度看它们对信息寻求的影响。徐玉臣等（2020）通过定性和定量分析探索了189篇中英文自然科学与工程应用研究文章中的介入资源及其分布模式。彭宣维（2016）以《你会和我在一起》这首小诗为研究对象，以"作者-文本-读者"为一体化解读机制的出发点，发现文学是以评价为特点、手段和目的的互动性艺术话语行为，文学性就是评价性。从以上所述可以发现评价理论在国内外正在蓬勃发展，然而关于商务文本的研究较少，而分析企业年报的研究则更少。

2.2 企业年报研究现状

作为企业与利益相关者互动沟通的重要载体，企业年报发挥着重要的作用，也成为学术研究的对象。学者们从不同角度提出对年报的认识，Rezaee和Porter（1993）提出年度报告的出现可以追溯到20世纪，企业年报是一份关于企业上一年度财政状况和商业活动的全面而准确的报告，包含大量的定性和定量数据；Hooks等（2002）指出企业年报是一种全面的沟通方式，受众能够在单一文件中轻松获取公司信息；Gae'tan（2009）则指出年报的实质是交流工具。

面对这一商务体裁，许多学者主要关注企业年报的可理解性和可读性。近年来，一些学者开始对企业年报的语言特征进行研究，主要集中在文本或图表上。在可理解性和可读性方面，Dean（2016）指出，业务战略会影响企业年报的可读性。Morton（2008）探索了企业年报的可理解性，总结出好消息比坏消息更容易理解。Subramanian等（1993）得出结论，净利润评价的公司业绩与企业年报的可读性有很强的相关性：公司业绩越好，企业年报越容易阅读。李春涛等（2020）运用文本分析技术探索2008年至2016年中国A股上市公司数据从而构建年度报告可读性指标。研究结果表明，企业可读性与信息披露之间存在很强的正相关关系。部寒和王立非

（2021）运用TAALES、TAASSC、TACCO等工具衡量和比较中国和美国企业财务文本的可读性。

此外，许多学者对企业年报中的语言特征特别感兴趣。Clatworthy和Jones（2006）探讨了董事长声明的文本特征与公司业绩之间的关系，发现业绩好的公司不太可能利用评估资源来建立公司形象。Merkl-Davies和Koller（2012）对与公司业绩相关的资源进行了批评性话语分析，研究结果显示，董事长的声明倾向于利用关键资源来影响读者的观点，从而建立一个积极可靠的公司形象。王立非、李焰坤（2018）依托语料库和定量统计方法，对中美两国500强上市公司年报的互文性特征进行了比较分析，对发现年报的互文性特征与企业绩效之间的关联性做出了尝试。还有学者探索某行业的年报话语特征，如钱嘉惠和王立非（2015）以能源行业为例，结合语料库分析，运用评价理论对态度资源进行评价，旨在分析企业年报中致股东信的态度资源和特征；黄莹（2012）采用海兰德的元话语分类模式，对比分析中国银行和西方银行年报总裁信中的元话语特征。

最后，学者们也关注企业年报的体裁分析。例如，高天（2013）运用Bhatia体裁分析理论和方法，选取15篇2006、2007年度《财富》杂志世界500强年度报告中《致股东信》为例，分析其交际目的，勾画其体裁框架所包含的语步。王立非、韩放（2015）运用Swales和Bhatia的理论，对中英文组织年报中的企业社会责任的运作结构进行了比较和分析。

综上可以发现，对年度报告的研究主要集中在语言特征、体裁分析、话语分析、报告的可读性等。然而，通过评价理论来研究年度报告，探讨公司如何传达人际意义的研究却很少。

2.3 基于评价理论的人际意义研究

人际意义展示交互性，关注语言使用者如何通过口头或书面语言与他人互动（Halliday 2000）。李战子（2002）通过引入modified model为人际意义研究做出了重大贡献，同时她研究各种实现人际意义的途径，例如代词和评价。王振华和马玉蕾（2007）认为评价理论关注的是演讲者或作者如何表达情感和态度从而说服观众，极大地弥补了Halliday人际意义的不足。马伟林（2007）指出，植根于系统功能语法，评价理论深化和扩展了人际功能，体现了系统性、科学性和实用性，为话语分析提供了新的方向。评价理论的意义超越了分句，贯穿了整个话语。因此，运用评价理论框架对书面文本中的人际意义进行分析，将展示作者如何传达信息并与读者建立关系。

学者基于评价理论分析人际意义的研究运用到各个领域，如政治演讲、文学、新闻、商业等。具体来说，魏兴顺和姚小英（2009）通过选取美国前总统奥巴马的22篇竞选演讲，从评价理论的角度分析了人际意义，并讨论了其在演讲话语中的实现，研究结果认为，演讲话语具有高度的互动性、协商性和开放性。而评价理论在人际意义分析中的实用价值也得到了认可。赵霞和陈丽（2011）探讨了《傲慢与偏见》中伊丽莎白的话语，研究偏见态度的根本原因以及实现方式。通过解读她的态度，发现人际关系的意义通过态度资源有效地表达出来，这对于实现人物形象的塑造具有至关重要的意义。蒋国东和陈许（2017）研究了新华社、中国日报有关"一带一路"倡议相关的英文版新闻，利用评价理论中的介入资源探讨新闻中包含的人际意义。徐珺和夏蓉（2013）以公司简介为语料库，基于评价理论对20家中美企业简介中的态度资源进行了解读。该研究从跨文化的角度探讨了人际意义实现的异同，具有至关重要的意义，因为它将评价理论引入了商业话语。

综上可以发现，在过去的研究中，应用评价理论探讨人际意义的研究领域非常广泛，然而，针对企业话语的相关研究却相对较少，尤其是年度报告。

3　研究设计

研究问题：企业年报是企业与投资者和关键利益相关者沟通的最重要工具之一。为了实现这一目标，企业年报必须使用恰当精准的措辞与读者建立关系。本文拟运用评价理论分析文字资源及其传达的人际意义以解决以下两个问题。

（1）联想企业年报中文本资源的分布有哪些特点？

（2）联想企业年报中文本资源如何传达人际意义？

研究样本：本文选取了联想2020年企业年报作为本研究的语料。联想成立于1984年，经过近40年的发展，现已成为全球领先信息和通信技术科技企业和全球智能设备的领导厂商，在全球约有6.3万名员工，业务遍布180多个国家和地区，服务全球超10亿用户。可见联想在国内外市场上具有较大的影响力和代表性，因此，分析其企业年报对同行业的其他企业甚至是其他行业的企业具有一定的借鉴意义。

样本来源：为了保证数据的权威性和可靠性，本研究中的语料来自联想企业官网。本研究仅采用联想的英文企业年报，因为本研究的目的是探讨面向国际读者的企业年报中的人际意义。

研究方法：本研究采用定性分析和定量分析结合的研究方法。首先，运用语料库软件UAM Corpus Tool 3.3对文本进行统计分析，获得各子资源的数量和百分比；再结合数据，分析数据背后的评价倾向和人际关系意义。

研究步骤：（1）本研究首先将语料从PDF转为Text文档，但是现在的年报中包含大量的图片和表格，而图片中的文字资源展示了企业的形象和企业的价值观，表格则展示了企业在过去一年中的经营和业绩，因此涉及大量的评价资源；同时，企业年报中也有很多图片没有评价资源，它们的存在会阻碍话语分析的流畅性。但是，这些言语资源仅仅通过文档形式的转换，是很难从图片中提取的。因此，本文借用Python工具，通过编写代码来准确地获得图像中的鉴定资源，同时删除多余的图像和表格。（2）本文运用语料库软件UAM Corpus Tool 3.3，因软件中含有评价理论，对利用已有的子系统进行调整，再对所有的评价资源进行手动标记和识别；为了确保人工标注的客观性和准确性，相关资源的标注情况会进行再次检查；利用软件的统计功能获得标注结果，从数量和类型百分比的角度展示统计结果，以确定评价系统子类别的频率和分布。（3）根据（2）中获得的数据结果，对年报进行全面深入的分析，研究联想年报所传递的人际意义。

4 联想英文企业年报的人际意义分析

表1显示了语料中评价资源的整体分布情况。通过表1可以看出，联想的2020企业年报一共有250个态度资源。其中态度系统占54.00%，介入系统占21.60%，级差系统占24.40%。联想2020年企业年报最倾向于使用态度资源，其次是级差资源，最后是介入资源。本文将逐个讨论评价资源下各个系统的分布情况及特点。

表1 评价资源的分布

类别	次数	频率[①]
态度系统	135	54.00%
介入系统	54	21.60%
级差系统	61	24.40%
合计	250	100.00%

4.1 基于态度系统的人际意义分析

态度系统是评价理论的核心，关系到说话者如何使用语言来表达积极或消极的评价。它包含三个子类：情感、判定和鉴别。情感行为是态度系统的核心，并由此产生了判定系统和鉴别系统。虽然它表达了语言使用者的态度，但它却是通过读者的感知来揭示的。

---

① 本研究中，频率四舍五入，百分号前保留两位小数。

由下表2和表3可知，联想2020企业年报总共有135个态度资源，其中情感资源22个，判定资源81个，鉴别资源32个。积极态度资源占所有态度资源的97.78%，而消极态度资源仅占2.22%。判定资源在三个子系统中所占比例最大，占60.00%。鉴别资源仅次于判定资源，占23.70%。情感资源所占比例最小，约为16.30%。可以看出，企业年报主要使用积极态度资源来传达态度，引导潜在读者了解他们所传达的信息，树立企业形象，从而吸引读者关注企业在年报中所传达的信息。同时，企业年报作为公司的代言人，倾向于以一种正式和客观的方式来介绍自己的公司，这一点可以从情感的数量上得到说明。虽然情感在与观众建立关系中起着重要的作用，但它也会带来主观性。因此，企业年度报告很少直接使用情感资源来表达感情，减少了对情感资源的依赖，以显示其客观性和可靠性。

表2　态度资源的分布

类别	次数	频率
情感	22	16.30%
判定	81	60.00%
鉴别	32	23.70%
总计	135	100.00%

表3　积极态度和消极态度

类别	次数	频率
积极	132	97.78%
消极	3	2.22%
总计	135	100.00%

然而，我们必须注意到积极态度资源和消极态度资源数量之间的巨大差异。负面态度资源的比例仅为2.22%，积极态度资源的比例高达97.78%。公司传递好消息，以良好的业绩吸引和安慰客户和投资者，这是可以理解的。然而，负面态度资源的出现过于零散，无法引发投资者和客户的信任。因此，读者可能会怀疑公司的真实业绩。读者都明白，每个公司都会遇到困难，对公司来说，真实地描述困境和对应的解决方案对读者更有说服力。

情感是指说话者通过表达情感倾向而做出的评价。通过对情感资源的分析，人们可以了解说话者的态度立场，以及说话者如何与观众建立人际意义。根据彭宣维

（2015）的研究，情感可以分为四个子资源：意愿性、愉悦性、满意性和安全性。

满意性主要包括人们对自身成就的满意，尤其是长期追求的结果和来自他人的赞美，年报中满意性为36.36%，占比最大（见表4），可以清楚地看出，联想年报倾向于表现出对公司上一年度所取得成就的满意，主要以称赞员工行为、产品业绩、企业目标的实现等形式出现。意愿性主要表达人们的意愿，年报中意愿性资源占比22.73%，可以看出企业希望通过具有意愿性的字词来呈现公司未来的行动，或是做成某事的决心。安全性指一种安全或危险的感觉，占比为22.73%，企业希望传达出公司稳定向上的状态，增强读者对企业的信心。愉悦性与一种心理状态有关，它是情感系统的关键范畴，包括两个方面，一个是说话人自己的愉快心情；另一个是崇拜他人或事物的心理，占比为18.18%。企业为公司的光明前景、取得的成就而感到愉快，缩短与读者的距离，唤起读者的同理心。因此，企业年报通过表达对公司业绩、成就、员工行为等的情绪反应，与读者建立人际关系，从而邀请读者对这种情绪反应表示赞同，增强读者对企业的认同。在这种情况下，读者可能会对公司留下深刻而积极的印象，这也将促进企业与读者之间未来的合作。相关数据如表4所示。

表4　情感资源的分布

类别	次数	频率
意愿性	5	22.73%
愉悦性	4	18.18%
满意性	8	36.36%
安全性	5	22.73%
总计	22	100.00%

判定，是对一个人的能力、道德和行为的评价，在一定的社会规则的基础上做出积极或消极的评价。判定系统可分为两个子类：社会评判和社会约束，社会评判是从道德的角度来评价人们的行为，而社会约束则是从合法性的角度来做出评价。根据表5，联想2020年企业年报中有丰富的判定资源，社会评判资源占比为71.6%，社会约束资源为28.4%。

具体来说，在社会评判资源下，能力性资源强调的是一个人能力的强弱，对于企业来说，企业的能力体现在企业行为的结果上，联想年报中能力性资源为41.98%，主要表现在展示其产品上，也就是企业业绩；态势性资源指某行为是否符合常规或惯例，态势性资源为18.51%，联想通过展示目前公司多方面的现状来表示企业的稳定状态；可靠性资源的评价标准在于评价对象是否可靠，一般分为对人的精神品质的评价和对评价对象性格的判断。企业的可靠性体现在对性格的判断，联想年报的可靠性资源占比为11.11%，可以得出企业将其拟人化，试图凸显其美好的品质，塑造一个值得信赖的企业形象。

表5　判定资源的分布

判定类型	分类	次数	频率
社会评判	态势性	15	18.51%
	能力性	34	41.98%
	可靠性	9	11.11%
社会约束	真诚性	4	4.94%
	恰当性	19	23.46%
总计		81	100.00%

在社会约束的子系统下，恰当性的评价标准是一个人的行为是否受到社会的谴责，企业年度报告的恰当性资源主要从道德标准和国家法律法规两个角度对评价对象的行为进行评估和判断，如表5所示，联想的报告中恰当性为23.46%，多次展示企业的经营理念，承担的社会责任等积极方面的信息，这些可以满足读者对企业的合法性和道德性的期望。真诚性资源主要是指评估对象的诚实性，联想报告中真诚性资源为4.94%，占比最小，主要通过真诚表示感谢、公司的处事原则等，给读者留下真诚、可靠的形象。综上可知，联想企业年报主要通过能力性资源和恰当性资源树立了能力强、遵纪守法、真诚可靠的企业形象，加上其他三类资源，企业的形象更加形象生动，深入人心。

鉴赏主要是对文本、过程和现象的审美评价。判定和鉴赏的区别在于：判定系统是评价者对被评价对象的行为的评判，而鉴赏则是评价者对与评价者相关的某事或某物的评价。鉴赏系统包括反应性、构成性和价值性三个子系统。反应性资源强调的是影响和质量，构成关注的是结构，从平衡和复杂的角度进行评价，而价值则衡量社会价值，高度评价集体精神。更重要的是，鉴赏可以用一种元功能的方式来解释，因为反应是以人际意义为导向的，构成是以文本组织为导向的，而价值是以思想价值为导向的。

表6说明了企业年报中的鉴赏类别分布情况，可知联想2020年企业年报中共有

32项鉴别资源，其中，反应性资源为18.74%，构成性资源和价值性资源均为40.63%。可以看出，联想年度报告的价值性资源体现在企业的重大业绩和对社会的贡献上，凸显其承担的社会责任，树立回报社会和服务社会的形象；而构成性资源一般体现在其战略规划和企业结构上，通过展示企业可持续的经营战略和发展潜力，说明其公司结构是合理的，发展计划是正确的，具有指导意义的；反应性资源比其他两项资源少，但是在年报中发挥了重要作用，揭示企业的重大成就，显示企业的雄厚实力。这三个鉴定子系统共同塑造了一个积极的企业形象，即愿意回馈社会，在现有的发展基础和成就上形成了有前景的发展态势，增强读者对企业的信心。

表6　鉴定资源的分布

鉴赏类别	次数	频率
反应性	6	18.74%
构成性	13	40.63%
价值性	13	40.63%
总计	32	100.00%

4.2 基于介入系统的人际意义分析

介入涉及说话者承认以前的说话者的程度以及他们互动的方式。简单地说，介入与说话者如何在各种相关意见和建议中表达自己的声音有关。由表7可知，联想2020年企业年报收缩性介入资源为57.41%，而扩展性介入资源为42.59%，可以看出，收缩性介入资源占比过半，可知联想公司的年报主要采用相对封闭的信息来源，但还是接纳了较多的其他声音，而拓展资源的存在，说明这些年报是从客观和正式的角度进行的，不同的建议和意见开放并接受外部声音。总的来说，企业运用这些话语来显示这份年报是从客观的角度进行，考虑内外部的意见，增强年报的可信度和说服力。

具体来说，收缩性资源指的是不给其他观点留下空间或限制其他声音范围的话语，可进一步分为否认性资源和公告性资源，且该两类子范畴还可以进一步细分。联想年报中否定性资源为14.82%，对立性资源为22.22%，可以看出否认性资源占比超过三分之一，年报倾向于采用否认性资源来限制替代声音的范围，而否认的目的是为了纠正受众对其经营业绩的误解，给受众留下好印象。此外，认同性资源为7.41%，断言性资源为9.26%，引证性资源为3.70%，约20%的公告性资源可以看出企业通过强调或是直接的表达方式或是认同话语来反对、压制或排除其他立场，这种声音是极大的、有效的、可信的、可靠的，可以树立或维护企业的正面形象。

表7　介入资源的分布

分类			次数	频率
收缩	否认	否定	8	14.82%
		对立	12	22.22%
	公告	认同	4	7.41%
		断言	5	9.26%
		引证	2	3.70%
扩展	接纳		18	33.33%
	归属	宣称	5	9.26%
		疏离	0	0
总计			54	100.00%

　　而扩展性资源指的是允许其他意见和声音出现的话语，分为接纳和归属两个子范畴，其中归属还可进一步分为宣称性资源和疏离性资源。接纳和归属的区别在于前者关注的是内部观点，而后者则与外部声音密切相关。联想年报中接纳性资源为33.33%，宣称性资源为9.26%，疏离性资源为0，即归属性资源为9.26%，可知，联想公司的年报更倾向于用接纳性资源来表达自己的观点和影响读者的观点，而为了树立企业努力客观地表达其内部意见和声音的形象，归属性资源很少被采用。

4.3 基于级差系统的人际意义分析

　　评价系统是人们用以表达态度并协商社会关系的资源，而态度的一个显著特征就是等级性，称为"级差"，有利于构建态度中体现的积极或消极程度，可分为语力和聚焦。从表1可知，极差系统位于第二位。从表8可知，联想2020年企业年报级差系统中语力资源为81.96%，聚焦资源为18.03%，可以清楚地看到语力资源占据了大多数的级差资源，年报倾向于运用语力资源来强化情感、数量等方面的程度。

　　具体来说，语力是指根据强度和数量的程度对评价资源进行分级，主要包括量化和强化两个子范畴，其中，量化子范畴还可分为数量、体积、跨度三个子系统；

强化子范畴包含过程和品质两个子系统。量化子范畴下，数量是指对实体数量的评价，体积是指对实体外观的评价，跨度则涉及对空间和时间距离的评价。强化子范畴下，品质涉及一个人或事物的属性，过程则是与过程本身以及能够代表该过程的组成部分有关。在联想年报中，量化资源为42.65%，其中，跨度占量化资源的比例最大，数量次之，体积最小；强化资源为39.35%，其中，品质占比较大，过程占比相对更小。可以看出联想的年报在很大程度上依靠时间来展现企业的发展以及准确的数字来呈现整体业绩和重大战略。同时，企业还重视公司的成果和产品的展示，分享艰辛和成就，引起读者的情感共鸣，增加读者对企业的了解，拉近与读者的距离。因此，可知企业通过强调时间、数量、品质等多个维度展示企业的综合实力，暗示读者，该企业的成就是可量化的、真实的，该企业是值得信赖和选择的，从而提高年报的可信度。

表8　级差资源的分布

类别			次数	频率
语力	量化	数量	11	18.03%
		体积	1	1.64%
		跨度	14	22.95%
	强化	过程	9	14.75%
		品质	15	24.60%
聚焦	锐化聚焦		9	14.75%
	柔化聚焦		2	3.28%
总计			61	100.00%

聚焦资源是指对评估资源关于原型性和准确性的分级，可分为锐化聚焦和柔化聚焦两个子范畴。具体来说，锐化是用来实现价值最大化的立场，以说服听众站在说话者一边，所以锐化与积极态度有关，而柔化则与消极态度有关。联想年报中显示聚焦资源为18.03%，其中，锐化聚焦占比为14.75%，柔化聚焦为3.28%，从这两者资源的频率看，企业更倾向于依靠锐化资源来缩小企业与读者之间的距离，促进读者与企业的关系，少量柔化资源的出现是为了证明这些企业是在客观地、毫不掩饰地表达自己的信息和声音，增强年报的客观性。

5 结论

通过上述对评价资源的分布及特点分析，研究发现在评价理论三个子范畴中，联想年报倾向于使用态度资源，所占比例最大，其次是级差资源，介入资源最少。

首先，从态度资源看，出现最多的是判定资源，其次是鉴别资源，情感资源最少。联想年报主要依靠判断来解读人际关系的意义，通过能力性资源展示企业的实力和能力，建立起一个有能力、可靠的企业形象；再通过恰当性资源加深读者对企业合法守法，遵守社会道德的印象。此外，年报还通过鉴赏资源的三个子系统塑造积极负责的企业形象，增强读者对企业的发展信心，这主要是表现在能够体现企业业绩和回馈社会的价值性资源上，体现企业发展潜力的构成性资源上和显示企业的实力反应性资源上。同时，情感资源虽然占比相对最少，满意、安全和意愿、愉悦呈现逐级递减的分布状态，但是少量使用积极直接的情感资源可以拉近与读者的距离，与读者建立人际关系，唤起读者的共鸣。最后，值得注意的是，态度资源的积极性频率和消极性频率差别极大，积极态度资源达到了97.78%，年度报告更倾向于传达积极性，掩盖消极性，以建立一个充满活力的、可靠的企业形象。

其次，在介入系统中，联想年报中收缩性资源占多数，拓展性资源占少部分，这说明企业努力接受相对封闭的信息来源，但同时试图通过相对开放的方式，从客观、正规的角度进行表达，接受不同的建议和意见，来增强年报的可信度和说服力。具体来说，运用超过三分之一的否认性资源限制替代声音的范围，纠正受众对其经营业绩的误解，给读者留下好印象，同时运用部分公告性资源反对其他立场来维护企业的正面形象。此外，还主要运用接纳性资源来表达观点，进而影响读者，但较少使用归属性资源，因为这类资源会影响到企业形象表达的客观性。

最后，在级差系统中，联想年报主要运用语力资源，涉及的聚焦资源较少。企业通过跨度和数量量化展示企业的经营业绩和重大战略，提高读者的信任度，通过强化公司的成果和过程，分享企业成长进程，增加读者对企业的了解，拉近与读者的距离。企业还主要通过聚焦资源中的锐化聚焦缩短企业与读者之间的距离，让读者与企业感同身受，少量的柔化资源则为了表明企业在客观地传递信息，从而树立了积极真诚的企业形象。

总之，联想的年报向读者传递了企业的正面信息，通过评价理论，发现年报中的资源有利于建立企业与读者之间的交往，缩小企业与读者之间的距离，树立了积极的、多面的企业形象，还传递了积极主动、真诚可靠的人际关系意义。

参考文献：

Clatworthy, M.A & M. J. Jones. 2006. Differential patterns of textual characteristics and company performance in the Chairman's statement[J]. *Accounting, Auditing & Accountability Journal* 19 (4): 493-511.

Dean H. 2016. The influence of business strategy on annual report readability[J]. *Journal of Accounting and Public Policy* (2): 65-81.

Gae'tan B. 2009. From folk-tales to shareholder-tales: Semiotics analysis of the annual report [J]. *Society and Business Review* 4(3): 187-201.

Halliday, M. A. K. 2000. *An Introduction to Functional Grammar (2nd ed.)* [M]. Beijing: Foreign Language Teaching and Research Press.

Hooks, J., Coy, D. & H. Davey. 2002. The information gap in annual reports [J]. *Accounting, Auditing & Accountability Journal* 15(4): 501-522.

Martin, J. R. & D. Rose. 2003. *Working with Discourse* [M]. London & New York: Continuum.

Martin, J. R. & P. R. White. 2005. *The Evaluation of Language* [M]. New York: Palgrave Macmillan Ltd.

Merkl-Davies, D. M. & V. Koller. 2012. 'Metaphoring' people out of this world: A critical discourse analysis of a Chairman's statement of a UK defence firm [J]. *Accounting Forum* 36 (3): 178-193.

Morton, J. R. 2008. Qualitative objectives of financial accounting: A comment on relevance and understandability[J]. *Journal of Accounting Research* 3(4): 288-289.

Rezaee, Z. & L. G. Porter. 1993. Can the annual reports be improved?[J]. *Review of Business* 15(1): 38-42.

Savolainen, R. 2016. Approaching the affective barriers to information seeking: The viewpoint of appraisal theory [A]. *Proceedings of ISIC: The Information Behavior Conference*, Zadar, Croatia, 20-23, September, Part 1.

Subramanian, R., Insley, R. G. & R. D. Blackwell. 1993. Performance and readability: A comparison of annual reports of profitable and unprofitable corporations[J]. *Journal of Business Communications* 30(1): 49-61.

Thompson, G. & S. Hunston. 2000. *Evaluation in Text: Authorial Stance and the Construction of Discourse* [M]. Oxford: Oxford University Press.

部寒、王立非，2021，基于语料库的中美企业财务语篇可读性对比分析[J]，《解放军外国语学院学报》（1）：71-78+128。

曹曼、吴虹，2020，评价理论视域下新闻话语的态度分析——以新型冠状病毒肺炎相关英语新闻报道为例[J]，《长春理工大学学报》（社会科学版）（6）：137-142。

黄莹，2012，元话语标记语的分布特征及聚类模式对比分析——以银行英文年报总裁信为例[J]，《外国语文》（4）：84-90。

蒋国东、陈许，2017，对外新闻中的"一带一路"——评价理论介入系统下的话语分析[J]，《外语研究》（5）：6-9。

高天，2013，体裁分析理论在商务英语信函研究中的应用——以《致股东信》的体裁分析为例[J]，《湖北第二师范学院学报》（6）：17-21。

李春涛、张计宝、张璇，2020，年报可读性与企业创新[J]，《经济管理》（10）：156-173。

李战子，2002，《话语的人际意义研究》[M]，上海：上海外语教育出版社。

李战子，2004，评价理论：在话语分析中的应用和问题[J]，《外语研究》（5）：1-6。

马伟林，2007，人际功能的拓展——评价系统述评[J]，《南京社会科学》（6）：142-146。

彭宣维，2015，《汉英评价意义分析手册评价语料库的语料处理原则与研制方案》[M]，北京：北京大学出版社。

彭宣维，2016，视角逆行、评价隐喻与情感-伦理诉求——《你还在我身旁》的评价文体效应与解读模型[J]，《外语学刊》（1）：41-48。

钱嘉慧、王立非，2015，英文企业年报语篇中态度评价的语料库考察及分析[J]，《商务外语研究》（1）：1-7。

王立非、韩放，2015，中英文企业年报体裁的语轮对比分析[J]，《解放军外国语学院学报》（5）：1-9。

王立非、李焰坤，2018，中美商务语篇互文性多维对比研究[J]，《外语教学理论与实践》（3）：56-62。

王振华，2001，评价系统及其运作——系统功能语言学的新发展[J]，《外国语》（6）：13-20。

王振华，2003，《介入：言语互动中的一种评价视角》[D]．郑州：河南大学。

王振华，2006，"自首"的系统功能语言学视[J]，《现代外语》（1）：1-9。

王振华、马玉蕾，2007，评价理论：魅力与困惑[J]，《外语教学》（5）：32-36。

魏兴顺、姚小英，2009，语言的艺术 态度的载体——评价系统下奥巴马竞选演讲的人际意义分析[J]，《西安外国语大学学报》（17）：32-34。

徐珺、夏蓉，2013，评价理论视域中的英汉商务语篇对比研究[J]，《外语教学》（3）：16-21。

徐玉臣，2013，中国评价理论研究的回顾与展望[J]，《外语教学》（34）：11-15。

徐玉臣、苏蕊、剡璇、寇英，2020，基于语料库的英汉科技语篇中介入资源对比研究[J]，《外语教学》（6）：19-24。

赵霞、陈丽，2011，基于评价理论的人际意义研究——以《傲慢与偏见》中Elizabeth的话语分析为例[J]，《江苏大学学报》（社会科学版）13（6）：54-57。

作者简介：

黄志华，西南财经大学外国语学院副教授，英语系主任，管理学博士，硕士研究生导师。研究方向：跨文化交际学、商务英语、企业管理。邮箱：hzh@swufe.edu.cn。

刘沙沙，西南财经大学外国语学院商务英语硕士研究生，邮箱：1354763544@qq.com。

钟玉兰，西南财经大学外国语学院商务英语硕士研究生，邮箱：zhongyl825@163.com。

（责任编辑：刘立华）

Abstracts

Attachment and Separation: Tracing Sources of Intercultural Conflict Competence Based on Discussions of the Movie *Bao*

LU Yunru Peking University

ZHANG Heyao Jianghan University

ZHENG Xuan Peking University

Abstract: This paper reports a reflective activity on the movie *Bao* in a college English course entitled "Language, Culture, and Communication", aiming to trace sources of intercultural conflict competence by reflecting on parent-child conflict. The study collected guided responses to the movie from 140 students and 101 parents of two universities in Beijing and Wuhan. By contrasting and analyzing the emotional expression, empathetic orientation, understanding of parent-child conflict, and conflict management strategies of the respondents, we found that a majority of students showed the external outcome of intercultural conflict competence, i.e. they can integrate the needs of both themselves' and their parents', but remain one-sided at the internal outcome level shown by their empathetic dispositions. The study proposes that the unresolved attachment-separation tensions in parent-child conflicts lead to the "either dominating or obliging" conflict management habitus, which may hinder students from obtaining integration at the internal outcome level of intercultural conflict competence.

Keywords: intercultural conflict competence; parent-child conflict; conflict management habitus; attachment and separation; source tracing

Inspiration from Urban Cultural Communication to International Communication Practices: The Case of *The Yellow Crane Tower* and *The Story of Soulmates* in Germany

ZHOU Jun China-Barometer Muenster

Abstract: Through two old traditional stories from Wuhan, *The Yellow Crane Tower* and *The Story of Soulmates*, this paper provides new ideas for the theoretical innovation and practical path of international communication of urban culture. Emphasizing that international communication of urban culture is a comprehensive systemic project, the author argues, that should be transformed from extensive to meticulous, focusing on the creative transformation and innovative development of traditional culture, tapping its contemporary value and global significance. At the same time, it is pointed out that the target of international communication should be treated in a categorized and stratified manner, and the way of communication should be changed from short-term dynamic to long-term sustainability, from single to two-way communication, and the function and role of cultural communication in the internationalization of the city should be given full play. This paper argues that the comprehensive and integrated application of a series of steps, including the use of research and decision-making mechanisms, the localized construction of international communication and the training of international communication capacity enhancement is the key to truly telling city cultural stories, promoting the exchange and mutual learning of civilizations, and helping to build a community with a shared future for mankind.

Keywords: traditional urban cultural story; innovative communication; localized construction of international communication; international communication system theory

China's National Image in Reports on Olympic Games: Chinese Media Coverage of the 2008 Beijing Summer Olympics and the 2022 Beijing Winter Olympics as Examples

WANG Pinyuan, JIANG Xinran, LIU Lihua Beihang University

Abstract: In this study, the corpus is constructed by using the coverage of the 2008 Beijing Summer Olympic Games and the 2022 Beijing Winter Olympics in *China Daily*. With a corpus-assisted three-dimensional discourse analysis framework, this article compares the images of China in the coverage of the two Olympic Games from the aspects of textual analysis, discursive, and social practice, then summarizes the similarities and differences and analyzes the reasons. It is found that Chinese media coverage of the two Olympic Games constructs an image of China that values sports, remains objective and truthful, and adheres to the people-centered philosophy of development. The differences in China's national image in the two periods are mainly reflected in the aspects of the economy, diplomacy, culture, and environmental protection. The two Olympic Games stand testimony to China's economic development, increasing environmental awareness, maturity in diplomacy, and confidence in Chinese culture. Summarizing the basic experience of China's national image under the Olympic theme is likely to give useful insights into the construction of China's image.

Keywords: Critical discourse analysis; Olympic Games; National image; *China Daily*

Cultural Factors in the English Translation of (the Terminology of) Chinese Calligraphy

LEI Ying Guangdong Polytechnic of Industry and Commerce
ZHAO Youbin Beijing Institute of Technology, Zhuhai

Abstract: This paper disscusses the problems arising from the translation of Chinese calligraphy's terminology, and the need to consider cultural factors when it is translated into English. These factors, which can be historical, social, and ethical, are associated with calligraphic scripts, writing skills, writing tools, and calligraphic works. If the translation does not consider these factors, the English version might cause misunderstandings or fail to communicate the connotations of the originals. Finally, the article makes some suggestions to improve the translation of Chinese calligraphy and particularly of its terminology.

Keywords: Chinese calligraphy; terminology; translation; cultural factors

A Hundred Year's Translation and Reception of *The Origin of Species* in China

HUI Lingyu, LIU Xiaofeng Xi'an International Studies University

Abstract: *The Origin of Species*, published in 1859 by Charles Darwin, a famous British naturalist, is the foundation work of biological evolution theory. The first full translation of the book with the span of 20 years was completed by Ma Junwu, a modern educator, translator, and bourgeois revolutionary. In the following hundred years, other translations of *The Origin of Species* appeared in succession. According to statistics, there are as many as 31 versions. At present, most of the translation studies on the book start from the comparison of different Chinese versions or simple introduction, and few scholars are involved in the reception study of the book. Therefore, based on the existing studies on *The Origin of Species* in China, this paper thoroughly explores the translation and reception of the book in China to further improve the research of its translation and reception in China.

Keywords: *The Origin of Species*; biological revolution; translation and dissemination

Translating and Rewriting Traditional Chinese Poetry in Hungary: A Historical Overview

LI Denggui Beijing University of Posts and Telecommunications
WANG Fanfan Beijing Foreign Studies University

Abstract: The introduction of Traditional Chinese poetry to Hungary was initiated by Hungarian poets Kosztolányi Dezső and Ágner Lajos in the 1930s. During the 1950s, Hungary witnessed a translation movement of Chinese poetry, which was led by a collaborative team of sinologists and writers. Tökei Ferenc and Csongor Barnabás were the leaders of this movement, which spanned nearly 20 years. Their translations, which included *Songs of Chu, Collection of Yuefu Songs and Ballads*, and Tang poems by Bai Juyi, Du Fu, and Li Bai, vividly showcased Chinese culture and literature. The most remarkable feature of their collaborative mode was the use of literary translation, whereby writers or poets rewrote the poems in Hungarian based on rough translations with explanations of cultural connotations provided by sinologists. This unique collaboration ensured that the translations were tailored to the needs and contexts of local readers, while remaining true to the original poems. The continued popularity of their work attests to the efficacy of this approach to introducing culture and translation as a form of creative variation.

Keywords: Hungary; sinology; Qu Yuan; Tang poetry; literary translation

Exploring College English Teachers' Cognitions in Teaching "Intercultural Communication"

ZHAO Fuxia Huaiyin Normal University

Abstract: "Intercultural Communication" (IC) has been set as one of the core courses for English majors and one of the three modules in the college English curriculum, which plays a key role in cultivating college students' intercultural competence. This article explores college English teachers' cognitions in teaching the course. The findings of this study are as follows: in terms of teaching content, these teachers always pay special attention to Chinese culture while highlighting the diversity of different cultures; in terms of teaching materials, there are three tendencies among the teachers, including loyalty to textbooks, partly use of textbooks, and independent selection and compilation of pedagogical resources; in terms of pedagogical activities, while teaching IC knowledge is regarded as foundational, more emphasis is placed on providing students with interactive experiences and cultivating their critical thinking abilities through intercultural situations and cases; in terms of the roles teachers play, there are knowledge transmitters, facilitators as well as co-learners of IC.

Keywords: Intercultural Communication; teacher cognition; college English teachers

Developing English Majors' Intercultural Communicative Competence Based on the Application of the PEER Model

SHEN Lemin Zhejiang Wanli University

Abstract: The internationalization of higher education has brought an increasing number of international students in Chinese universities, more diversified campus life, and along with it considerable discussions on developing students' intercultural communicative competence(ICC). The PEER model, which was developed by Holmes and O'Neill in 2012, guided student researchers through the interdependent phases of Preparing, Engaging, Evaluating, and Reflecting upon their competence within intercultural encounters and has been proven to be an effective way to develop students' ICC. This study explores the application of the PEER Model in China by applying it to 39 Chinese English majors at a university for half a year. The results, based on data collected from reflective journals and focus group interviews, show that the PEER model, when providing real intercultural encounters and well-designed teaching, serves as an effective way to develop students' ICC, including intercultural attitudes, knowledge, skills, and critical cultural awareness.

Keywords: Intercultural communicative competence; PEER Model; teaching practice

Application of Production-oriented Approach in Culture-focused International Chinese Language Teaching: Taking "Zhaojun Culture" reading class for intermediate and advanced learners as an example

WANG Jiawei, LIU Junhong China Three Gorges University

Abstract: In international Chinese language teaching, intermediate and advanced Chinese language learners often find themselves stuck in the period of "separation of learning and use" and "cultural aphasia" in their language output. Based on the teaching process of "motivating," "enabling" and "assessing" of "Production-oriented Approach" theory, this study first constructs a culture-focused international Chinese language teaching model, and then takes the "Zhaojun Culture" reading class as an example to demonstrate culture motivating, enabling and assessing in Chinese language teaching. Some strategies are put forward with to avoid "separation of learning and applying" and "cultural aphasia" of intermediate and advanced Chinese language learners. This study is helpful in improving learners' Chinese language proficiency and cultural literacy and cultivating their intercultural communication competence.

Keywords: Production-oriented approach; culture-focused international Chinese language teaching; intermediate and advanced learners; Zhaojun Culture

Problems and Countermeasures of Intercultural Adaptation for Chinese Teachers in Arab Countries: A Qualitative Research

MA Pengcheng Northwest Normal University

Abstract: With the development of Chinese language education in the Arab world, the number of Chinese teachers in Arab countries is growing. However, the gap between Chinese and Arabic cultures made intercultural adaptation hard for teachers. This study adopted a qualitative research approach to collect first-hand data from 25 participants and identified 5 intercultural problems: tropical desert climate, survival challenge, education concepts conflicts, Arab-Islamic socioculture, and reentry adaptation. From the perspective of stakeholders, the present study proposed countermeasures to intercultural problems of Chinese teachers in Arab countries.

Keywords: Arab countries; Chinese teachers; intercultural adaptation

An Appraisal-Theory-Based Study of Interpersonal Meaning in the English Annual Reports of Lenovo Company

HUANG Zhihua, LIU Shasha, ZHONG Yulan Southwestern University of Finance and Economics

Abstract: With the development of information technology, the means of communication are becoming more convenient and diverse. The annual report is an important opportunity for enterprises to show their corporate value and image. Interpersonal meaning focuses on how people express their attitudes and try to influence others' attitudes and behaviors in language communication. Therefore, it is of great significance to study the interpersonal meaning of corporate annual reports. This paper adopts the combination of quantitative analysis and qualitative analysis, with the 2020 English annual report of Lenovo as the research object, establishes a corpus, conducts the manual annotation under the help of the UAM Corpus Tool, and carries out analysis with appraisal theory to find out the distribution characteristics of the appraisal resources and the conveyance of interpersonal meaning by appraisal resources in the English annual reports of Lenovo. The positive attitude resources in the annual report not only convey important corporate information, but also are conducive to establishing good relationships with readers. Graduation resources aim to enhance the appeal and evocation of language and convey positive and friendly interpersonal meanings to readers. Engagement resources express the viewpoint of the enterprise and deliver powerful and reliable messages to readers. This study provides some inspiration for the composition of the English annual report of Chinese enterprises to establish a better corporate image.

Keywords: Appraisal theory; interpersonal meaning; annul reports; corpus

《跨文化研究论丛》约稿

　　《跨文化研究论丛》是中国学术界专注于跨文化研究的高品位学术出版物，由北京外国语大学主办，中国翻译协会跨文化交流研究委员会协办，外语教学与研究出版社出版。马海良教授担任主编，胡文仲教授、Michael Byram教授担任顾问，编委由中国翻译协会跨文化交流研究委员会和相关领域的知名专家学者组成。

　　《跨文化研究论丛》发表国内外有关跨文化研究领域的理论创新与实践探索成果。主要栏目包括：跨文化交际研究、跨文化传播研究、跨文化翻译研究、跨文化外语教学研究、跨文化教育研究、跨文化话语研究、跨文化商务沟通、跨文化汉语教学、语言与文化政策、跨国移民研究、全球化研究，以及国际学术前沿、跨文化研究关键词、书评等。

　　《跨文化研究论丛》注重学术思想的原创性、学术研究的跨学科性以及学术行为的规范性，旨在为跨文化研究搭建学术平台，汇集学术资源，促进国内外跨文化研究学者的交流与合作，加强中国跨文化研究学科建设，为中外人文交流与人类命运共同体构建做出贡献。

　　《跨文化研究论丛》倡导学术诚信。作者应对投稿内容负责，遵守学术规范。编辑会依据相关规范对稿件进行必要的修订。《跨文化研究论丛》参照国际惯例，严格实行同行专家匿名评审制度，并根据匿名评审意见决定录用与否。稿件被录用的作者将获赠书两本。

　　来稿研究性论文请勿超过10 000字，书评、会议综述等文章请勿超过3 000字。

　　投稿邮箱：ICSF2018@163.com
　　编辑部地址：北京市海淀区西三环北路2号北京外国语大学英语学院

格式和体例

1. 题目、作者姓名、作者单位、摘要与关键词

来稿的中文题目原则上20字以内；摘要限300字以内，应该包括研究目的、方法、结果、结论等内容，采用第三人称撰写，一般不使用"本文""本人""作者"等字样；关键词一般为3—5个。来稿请提供对应的英文题目、英文摘要、英文关键词以及作者姓名、单位。

2. 题注

论文所涉及的课题，如需标明国家、省级以上基金或攻关项目，或需要向有关人员致谢等，应该以题注的形式标在论文正文首页的下方，同时须注明项目基金的批准编号。

3. 正文书写格式

3.1 标题

正文中所有标题均需独占一行，题号用阿拉伯数字表示（从1开始），编排格式为：一级标题用1，二级标题用1.1，三级标题用1.1.1，以此类推。正文中任何级次的标题均需列出具体的标题题目。

3.2 人名译名

正文行文中著名外国人名一般标注出通用的中文译名，如马克思、爱因斯坦；其余人名可使用外文原文；英文行文中汉语姓氏采用国际通行的汉语拼音拼写。

3.3 例句书写

行文中例句采用[1]、[2]、[3]……的形式书写，如果同一编号例句下有多个例句，则以[1] a、b、c……的形式书写。例句序号后空1格，起行空4格，回行空2格；全文所有例句连续编号，不分节另编；行文中成段的引文不再编号，书写体例同例句，上下各空一行。

3.4 图片和表格

文中图片和表格要按其在文中出现的先后次序连续编码（即：图1、图2，表1、表2……）。表的编号及名称置于表上方，图的编号及名称置于图下方。

4. 正文中的注释与文献格式

4.1 注释与编号

正文中的注释一律连续编号，注释部分放在正文之后，参考文献之前。注释必须是对正文内容的附加解释或者补充说明，抑或是不宜在正文中出现的内容。仅仅是参考或者引用的文献等内容一般不作为注释出现。

4.2 正文参考文献或引用文献

行文中参考文献或引用文献等应随文加括号说明，采用下列格式：孙有中（2016：17）；韩礼德（Halliday 1994：10）；多个文献之间用逗号隔开，如（Smith 1983，1991），多个作者之间用分号隔开，如（Leech 1983；Smith 1983）。括号内的文献按时间出现早晚排序，时间相同按字母先后顺序。

5. 文末参考文献书写格式

5.1 格式要求

参考文献一律排在正文后，顶格排列。用原文文种，原文为中文即以中文形式引用，原文为外文即以外文形式引用。所引文献如有多名作者需一一列出。参考文献包括专著、期刊、报纸、论文集、学位论文等。

5.2 书写顺序

西文参考文献以著者（或编者）姓氏的字母顺序为序，每条均另起一行。中文参考文献一律排在西文之后，日文文献或日本作者的文献以作者名的中文读音为序，与中文文献统排。外文专著和期刊名称用斜体。

5.3 书写形式

参考文献根据所引文献的类别采用不同的书写形式。国家期刊出版格式要求在中图分类号的下面标出文献标识码，规定如下。（1）文献类型标识：专著[M]；期刊[J]；论文集[C]；学位论文[D]；标准[S]；报告[R]；专利[P]；报纸[N]。（2）电子文献类型标识：数据库[DB]；计算机程序[CP]；电子公告[EB]。（3）电子文献的载体类型及其标识：联机网上数据库[DB/OL]。

5.3.1 专著书写形式

专著书写顺序为：作者（或编者）、出版年份、书名（标书名号）、标识码、出版社所在城市、出版社，具体形式示例如下：

Bernstein，B. 1990. *The Structuring of Pedagogic Discourse* [M]. London: Routledge.

Laclau，E. & C. Mouffe. 2001. *Hegemony and Socialist Strategy: Towards a Radical Democratic Politics* [M]. London: Verso.

孙有中，2009，《解码中国形象：〈纽约时报〉和〈泰晤士报〉中国报道比较1993—2002》[M]，北京：世界知识出版社。

5.3.2 期刊论文书写形式

期刊论文书写顺序为：作者、出版年份、文题、标识码、刊名（标书名号，外文则用斜体）、期数、所引论文起止页码，具体形式示例如下：

Holzscheiter，A. 2013. Between communicative interaction and structures of signification：Discourse theory and analysis in international relations [J]. *International Studies Perspectives* （2）：142-162.

Mirilovic，N. & M. Kim. 2017. Ideology and threat perceptions：American public opinion toward China and Iran [J]. *Political Studies* （1）：179-198.